幼兒園融合教育的理論與實務

盧美貴　總主編

宣崇慧　著

五南圖書出版公司 印行

總主編序

　　「五南」文化事業機構創立於民國64年（1975），歷經風華絕代的半個世紀，以出版人文、社會、學術著作和大專教材為主體，是個全方位的卓越出版機構；堅持傳播文化和弘揚學術為其宗旨。楊榮川董事長和楊士清總經理更於民國96年（2007）五南週年慶時成立經典永恆、名著常在的「經典名著文庫」——我被這對父子及團隊勇於梳理與出版經典名著的「智慧」與「理想」所震懾～在平面媒體出版逐漸式微的年代，他們成為「中流砥柱」的王者先鋒與出版界的風骨典範。

　　「幼兒教育」總扮演著叫好不叫座的角色，楊秀麗和黃文瓊總編輯邀約我擔任教保專業系列叢書的「總主編」。抱持著一生懸命的幼教專業與熱忱，邀約臺灣幼教與幼保界理論與實務俱佳的重磅泰斗名師，他們在日理萬機之餘，願意沉澱與精煉他們在幼教殿堂耕耘多年的心血結晶，將其公諸於世分享給幼教界的夥伴。除了感謝五南圖書出版公司協力的支持外，近二十位菁英學者專家們，不遺餘力地從爽快答應到孜孜矻矻埋首專書的撰寫，感謝您們協助我完成「專業」到「志業」的幼保大夢——特別在此聊表我的敬意與謝意：

- **幼兒園課程設計**
  盧美貴（亞洲大學幼教系榮譽講座教授）
  黃秋華（屏東大學幼兒教育學系副教授）
  黃月美（臺北城市科技大學行銷與流通管理系助理教授）
- **高瞻課程——理論與實踐**
  郭李宗文（臺東大學幼兒教育學系教授）

吳茉莉（臺東高瞻及多多璐幼兒園園長）

- **幼兒教育——政策與課程革新**

盧美貴（亞洲大學幼教系榮譽講座教授）

陳伯璋（花蓮師範學院前校長）

孫良誠（清華大學幼教系副教授）

黃月美（臺北城市大學行銷與流通管理系助理教授）

- **教育哲學——課室的理論與實踐**

郭木山（臺中教育大學、暨大、亞大等兼任助理教授）

- **幼兒園融合教育的理論與實務**

宣崇慧（嘉義大學幼兒教育學系教授及系主任）

- **幼兒遊戲——科學探究實務取向**

高家斌（南臺科技大學幼教系教授）

陳玟妤（新北市領袖幼兒園園長）

- **教保專業倫理**

高家斌（南臺科技大學幼保系教授）

沈繻淯（臺南應用科技大學幼保系副教授）

林雍智（亞洲大學幼兒教育系助理教授）

- **幼兒認知與學習——歷程導向的幼兒課程與教學**

黃秋華（屏東大學幼兒教育學系副教授）

- **幼兒語言發展**

卓美秀（亞洲大學幼兒教育學系副教授兼副主任）

- **幼兒園行政**

蕭美華（臺北市立大學幼兒教育學系副教授）

- **幼兒園教材教法**

賴媛姬（吳鳳科技大學幼保系副教授兼系主任）

陳鳳卿（育達科技大學幼保系副教授兼系主任）

黃月美（臺北城市大學行銷與流通管理系助理教授）

陳盈詩（嶺東科技大學幼保系助理教授）

- **幼兒園課室經營**

蔡佳燕（東華大學幼教系副教授兼系主任）

潘瑩芳（花蓮大進國小附幼教師兼園主任）

陳淑美（花蓮明恥國小附幼教師）

　　臺灣的幼兒教育多年來一直存在著「多個」一元共存，而非真正立基於幼兒園本位課程的「多元」。期待這套幼保專業系列叢書的出版，引領臺灣幼教夥伴們的思想模式不再是被「綁架」的「獨白」，而是在深度「理解」課程意義的蘊涵後，回歸教育本質——練就「自慢」絕活的功夫，成就一名海闊天空的專業「創客」……

盧美貴

亞洲大學人文社會院

幼兒教育學系2025年1月

作者序

　　大約在五年前的一個風和日麗午後，我回到亞洲大學探望盧美貴講座教授，原本只想看看老師，聽聽老師的笑聲，輕鬆地喝個咖啡。卻在閒聊中，「輕鬆」地接下了撰寫這本書的重任。這本書是五南圖書出版公司的教保系列叢書之一，由盧美貴教授擔任總主編，美貴老師鼓勵我寫這本融合教育主題的教科書，接下來好幾年的歲月裡，何其幸運，有美貴老師的器重和五南圖書出版公司的包容等待，我才能完成這本書的寫作工作。

　　「融合教育」是臺灣提供特殊教育的主要形式。在幼兒園的教育現場，一直秉持著早期介入優勢的理念，對身心障礙幼兒提供多元療育與教育管道，大大提高了發展遲緩幼兒參與學校教育的機會。然而，融合教育的實施，卻帶給第一線教保服務人員非常大的衝擊與挑戰。不論職前的教保相關科系或幼兒園師資類科的學生，或是已經在職服務的教保服務人員，都需要在幼保本科專業的課程內，外加修習幼兒園融合教育相關專業知能。

　　這本書《幼兒園融合教育的理論與實務》內容規劃，配合相關政策法規與部頒課綱──「幼兒園教保活動課程大綱」，整理、聚焦幼兒園教保服務人員執行融合教育時所需的重要知能，可供幼保科系、幼教師資類科、或教育部近年鼓勵推動教保服務人員加修的「特殊教育次專長」系列課程中，有關幼兒園融合教育相關科目課程上課使用。

　　本書共含三篇十一章。第一篇為基礎篇，分三章介紹幼兒園融合教育的基本概念、實施依據與立法脈絡，以及執行融合教育的重要理論基礎。第二篇介紹幼兒園融合班級課程之理論與實務，分五章論述幼兒園課程在融合教育理念上的規劃與實施方式，本篇重點環繞多層次支持系統（Multi-Tiered System of Support）與全方位通用學習設計（Universal

Design of Learning）的理念，以及多層次與全方位之理念在幼兒園教保活動課程大綱的脈絡下之課程與教學設計與實施。內容分別在全方位通用設計、課程調整與差異化支持，以及落實個別化精神三個課程設計的層次上，做詳細的說明。第三篇為幼兒園融合教育課程設計的實務，分三章提供多層次課程設計的實例，以體能課程為例介紹課程與教學設計的歷程示範，最後一章舉例「教學介入反應（Response to Intervention）」實例，說明課程與教學評量的歷程與執行方式。

　　本書適合各大學幼保科系與幼教系使用，內容分量考量目前大學一般課程一學期兩學分16-18週的授課量而規劃。在一學期中，授課的老師扣除第一週課程介紹及兩次的期中評量與期末評量，共13-15週的上課時間，於每週一章至少11週可完成全書的講授內容後，教師仍可有2-4週的課程時間做實作演練、翻轉教學、問題解決討論與課程報告等彈性規劃。期待使用本書的教師與學生，持續針對本書不吝給予指教與建議。

宣崇慧 謹誌

2024年7月28日

目錄 **Contents**

第二篇
幼兒園融合班級課程之理論與實務

CHAPTER 4 幼兒園融合教育課程

CHAPTER 5 幼兒園融合教育之多層次課程建構

CHAPTER 6 幼兒園融合教育全方位通用設計課程規劃

第三篇
幼兒園融合教育之課程設計實務

第一篇
幼兒園融合教育的理論
基礎與實施依據

本書第一篇為幼兒融合教育的基礎篇。第一章「幼兒園融合教育之意涵與實施」，從融合教育理念的興起到各國紛紛立法落實談起；第二章「幼兒園融合教育的法源依據與精進歷程」介紹幼兒園融合教育有關之立法，以及我國在幼兒園融合教育之立法、推動到精緻化的歷程；第三章「幼兒園融合教育的理論基礎」，從相關理論概念，探究與幼兒融合教育安置、課程與教學相關的理論基礎。

本篇各章的課程學習前後，讀者可思考以下問題：

1. 「融合教育」為何？幼兒園以融合教育的方式提供特殊教育服務的理由為何？

2. 幼兒園實施融合教育將分別為普通幼兒與特殊教育需求之身心障礙幼兒帶來什麼好處？

3. 現行法規，對於幼兒園實施融合教育有哪些規定？

4. 教保服務人員在現行法規制度下，如何落實幼兒園融合教育？

5. 如何從不同理論取向觀點，思考幼兒園融合教育實踐的理由與方法？

6. 何謂「正向行為介入與支持」的融合班班級經營與課程教學設計？

7. 何謂「證據本位實務」的融合班班級經營與課程教學設計？

幼兒園融合教育
之意涵與實施

CHAPTER 1

　　何謂「融合教育」？幼兒園中的「融合教育」實施脈絡為何？教育人員如何看待與因應融合班級中的「差異性」？教育人員如何在「融合教育」的環境中尊重每一位幼兒的差異性，並顧及每一位幼兒的受教權？本章介紹幼兒園融合教育的意義與實施重點，共分兩節說明：第一節為融合教育的意義與內涵；第二節介紹幼兒園融合教育的實施現況。

第一節　融合教育的意涵

一、融合教育的意義

　　學校生活是一個小型的社會，而現今社會因科技通訊與交通的發達，來自於不同文化與國家的人種之間互動更為容易，因此，我們所處的社群樣貌也趨向多元。幼兒園對幼兒來說，也是一個多元的小社會，幼兒每日生活與學習都有機會接觸班級中來自不同家庭的同儕，除了年齡、性別的差距之外，也包含源自不同種族、使用不同語言、不同生活習慣等。因此，幼兒是否真正「融合」於班級中，有以下三個重點指標（Recchia & Lee, 2013; Sandall & Schwartz, 2008）：

（一）心理歸屬

　　在心理感受上是班級的一分子，對這個班級有歸屬感與安全感。

（二）學習品質

　　在學習與生活中持續學習，包括：參與課程活動、同儕的遊戲、交朋友、自我照顧等。

（三）社會關係

在班級這個社群中，扮演好自己在班級中的角色，與他人建立正向社會關係，會照顧好自己、需要時能尋求幫忙，並適時支持協助別人等。

「幼兒園融合教育」即是基於個體受教權的人權保障，主張每一位幼兒，不論性別、年齡、種族、膚色、身分、或身心發展等差異，都有機會在融合幼兒園中學習，從中建立自我認同並在各領域持續學習。在學校教育環境中，不論有無特殊需求的身心障礙之幼兒的受教品質，均須達到上述三項指標。

二、融合教育的內涵

我國幼兒園融合教育是在多元類型幼兒園（諸如：公私立幼兒園、非營利、職場互助等）之普通教育的環境中實施。一般幼兒園的架構包括：行政組織、課程、教學輔導、與親職等面向，因此，要實踐優質的幼兒園融合教育，須同時考量下列四大面向的健全與連結，包括：幼兒與家庭、教保服務人員、相關專業團隊與行政人員，以及特殊教育法規及支持系統。教保服務人員為面對幼兒與家庭的第一線人員，若要充分因應特殊需求幼兒的學習與適應，需在行政與法規的層層支持下，才能有效結集各方面的人力與資源。如圖1-1，包含了幼兒與家庭、教保服務人員、相關專業團隊合作、特殊教育法規與支持系統，說明如下：

（一）幼兒與家庭

幼兒園融合教育以幼兒園中的所有幼兒為核心，故幼兒園中的多元家庭的文化、特質、生活習性等，與幼兒的個人特質，形成了新的

多元融合班級面貌。因此，融合幼兒園具有「多元性」的價值，其「多元性」特質所帶來的差異性，啟動群體間的相互尊重與學習。

（二）教保服務人員

　　教保服務人員為融合教育現場的第一線專業人員，包含：幼兒園園長或主任、幼兒園教師、教保員，以及助理教保員，具備幼兒園教保服務相關專業知能（教保服務人員條例，2022年6月29日）。教保服務人員應兼顧幼兒健康、安全、照顧，並持續紀錄幼兒的學習與發展歷程，確保幼兒進行有意義的學習並持續發展（幼兒教育及照顧法，2022年6月29日）。我國幼兒園之教保服務人員，以2016年教育部頒布之「幼兒園教保活動課程大綱」（教育部，2016）進行每日的教學活動。在融合教育環境中，教保服務人員透過全方位通用課程設計的理念，提供優質的幼兒教育環境與教學。若少數幼兒因內在或外在的個別差異，而影響參與課程活動時，教保服務人員須依幼兒的多元需求，進行課程調整給予差異化的支持策略（特殊教育法，2023年6月21日）。融合幼兒園中，幼兒之特殊學習需求，應由幼兒園的主任或園長等行政人員協助第一線教師獲得特殊教育相關資源，包括：轉銜、特殊教育與相關專業團隊專業支持、專業諮詢、無障礙環境，以及輔具等。融合班級的運作仰賴好的行政支持，方能獲得應有的專業人力與課程教學資源。

（三）相關專業團隊合作

　　幼兒園融合班級中若有幼兒因身心障礙而有特殊學習需求，應有特殊教育及相關專業團隊合作，並加強幼兒之早期療育與學前特殊教育的服務。相關專業團隊成員為學前特殊教育教師、治療師、早期療育人員等。

（四）特殊教育法規與支持系統

　　幼兒園融合教育的運作，應受中央至地方教育主管機關相關立法與政策之推動，並建立特殊教育支持系統，以維護每一位幼兒在融合教育中的受教權。在融合班級中，發現幼兒因身心障礙等因素而有特殊需求，幼兒園主任或園長應協助教保服務人員，向所屬直轄市、縣（市）之教育主管機關通報，啟動特殊需求幼兒之發現與通報工作。過程中，教保服務人員蒐集與上傳幼兒之觀察與晤談紀錄資料、連結外圍之特殊教育支持系統、以專業團隊合作方式進行個別化教育計畫之擬定與執行，以及與特殊教育及相關專業團隊人員保持密切合作。

圖1-1
幼兒園融合教育之實務支持系統

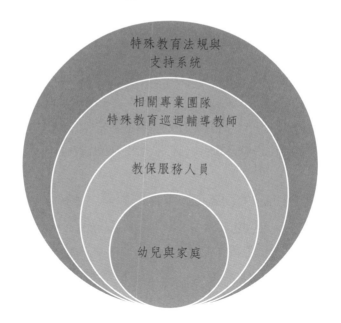

🙂第二節 融合教育的實施

一、幼兒園融合教育之實施現況

在相關政策法規的推動下，隨著早期療育系統的建置、轉銜機制的運作、幼兒園特殊幼兒轉介與鑑定機制的成熟，我國學前教育階段的特殊需求幼兒人數，從2008年的8,005人，逐年增加到2024年的30,480人。根據教育部特殊教育通報網2024年5月資料顯示（教育部，2024），鑑定類別中「發展遲緩」類別為26,912人，占所有特殊幼兒之88.3%。在教育安置方面，學前教育階段的特殊教育需求幼兒有91.8%安置於融合教育中，亦即在普通班中接受特殊教育或相關專業服務。服務的方式方面，主要以巡迴輔導的方式進行。

二、幼兒園融合教育的實施重點

融合教育的實踐，必須以課程、教學、專業合作，以及教保服務人員特殊教育知能提升為基礎。本書從多層次的課程與教學設計、支持系統與專業團隊合作、教保服務人員之專業知能提升，以及個別化精神的落實等四個重點說明幼兒園融合教育的實施。

（一）融合班級中多層次的課程與教學

融合班級的多元性包括：不同幼兒家庭文化與幼兒本身的多元特質與需求。本書以多層次的課程設計（圖1-2），來說明滿足融合幼兒園多元性的課程與教學設計方案。其概念源自於多層次支持系統（Multi-Tiered System of Supports, MTSS），共分為三個層級，第一層「優質的幼教課程」、第二層「課程調整與差異化支持」，以及第三層「個別化精神的落實」（American Institute for Research [AIR], 2024）。透過「全方位通用設計課程」與「個別化精神的落實」，

圖1-2
多層次的課程與教學設計

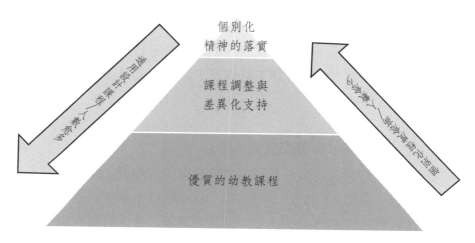

來滿足融合班之不同教育需求。「全方位通用設計課程」乃指經由多
元考量之課程與教學設計，使課程與教學的授予方式、幼兒的參與方
式及表達方式，均保持多元性與彈性，確保優質的普通課程設計與班
級經營，提供適合每一位幼兒的學習環境與活動。說明如下：

1. 優質的普通課程設計與班級經營

教保服務人員以「幼兒園教保活動課程大綱」爲指標，以幼兒學
習爲主，掌握課綱目標與幼兒學習指標。透過「全方位通用設計課
程」，針對班級幼兒與家庭之多元性特質，提供多元性的課程、教學
與環境規劃設計。

2. 差異化的設計給予少數幼兒支持

在優質的普通課程規劃與班級經營下，少數幼兒仍需要教保服務
人員進行課程調整。教保服務人員根據教學原理，運用教學策略來增
加學習參與，以提升其學習效果。因少數幼兒需求而進行課程調整，
提供差異化的支持策略。

3. 個別化精神的發揮

在優質的融合班級中，即便教保服務人員給予適切的課程調整與差異化支持策略，極少數幼兒仍有特殊學習需求，需要教保服務人員與幼兒園園長或主任等行政人員，向地方教育主管機關提出特殊教育需求，尋求特殊教育資源，讓有特殊需求之幼兒得以在融合班級中接受適當教育。

（二）支持系統與專業團隊合作

第一線的教保服務人員需要來自於教育主管機關之相關專業人員與學校行政人員的充分支持，彼此建立專業整合平臺，共同商討以擬定個別化教育計畫的需求、目標、執行與評量方式，經常討論與相互諮詢。教保服務人員對於融合教育之班級經營、特殊需求幼兒的在教室學習反應、情緒行為情況與處置、輔具使用等，若感到壓力或執行困難時，可由以下作法獲得專業平臺的支持：

1. 與特殊需求幼兒的專業團隊成員（治療師、巡迴輔導特教老師）聯繫討論個案。

2. 即時向直轄市、縣（市）的特殊教育資源中心，或鄰近大學特殊教育系的特殊教育資源中心，撥打諮詢專線尋求諮詢。

3. 透過園長或主任與縣市教育局（處）的特殊教育負責單位，提出重新鑑定與安置。

4. 也可由幼兒園針對特殊需求幼兒問題，規劃辦理相關主題的特殊教育研習。

（三）教保服務人員之專業知能提升

為提升教保服務人員融合教育下的教育品質，政府積極鼓勵教保服務人員進修特殊教育專業知能。職前或在職的教保服務人員或幼兒園行政人員，可透過以下管道提升自我的特殊教育專業知能：

1. **參與各縣市、各幼兒園辦理的研習或工作坊**

近年各縣市積極辦理特殊教育相關主題之研習或工作坊課程，各縣市主管機關或幼兒園行政端應就現場需求規劃重要且需求度高的研習與工作坊主題，鼓勵並協助教保服務人員參與研習。

2. **修習「特殊教育次專長」學程**

目前，教育部委託各師資培育機構或大學進修推廣單位開設「特殊教育次專長」課程模組，針對學前教保服務人員之現場專業需求，規劃一系列約十二學分的學前特殊教育理論與實務課程，修畢後授與特殊教育次專長證書。「特殊教育次專長」學程專為幼兒園教保服務人員所規劃，職前的幼教類科師培學生、教保相關科系學生，以及在職的教師均有機會修習此特殊教育學分學程課程。

3. **利用職前或在職進修期間，於各大學修習特殊教育相關課程**

教保服務人員長期在幼兒園現場服務後，隨著幼兒園融合教育的法規政策與實踐腳步，許多教保服務人員深感需要進一步進修特殊教育相關知能。教保服務人員與行政人員可報考各大學幼兒教育學系或幼保相關科系的研究所在職專班，利用在職進修期間，修習學前特殊教育相關學分或學程。除了「特殊幼兒教育」三學分課程，是目前多數教保服務人員在幼教師資類科或教保課程中已修過的必修課程之外，其他學前特殊教育相關課程，諸如：「幼兒園融合教育」、「正向行為支持」與「個別化教育計畫」等主題的課程，也是能讓教保服務人員透過職前階段或在職後的短期進修期間，快速建立且可實際在幼兒園融合教育現場發揮的專業知能。

（四）個別化精神的落實

在融合教育現場，教保服務人員需針對少數幼兒的需求做調整，給予差異化支持，也需針對有特殊教育需求之身心障礙幼兒，進行個別化教育計畫之擬定與執行。如圖1-2顯示，愈朝上層的課程設計，

11

愈需要落實個別化精神之規劃。個別化教育計畫主要針對有特殊教育需求之身心障礙幼兒所擬定與執行，教保服務人員的融合教育專業知能及其與特殊教育巡迴輔導教師及相關專業團隊成員之合作，為幼兒園融合教育品質的重要關鍵。考量特殊需求幼兒在融合班級中的生活與學習需求，共同擬定特殊需求幼兒之個別化教育計畫。個別化教育計畫之執行場域即為融合教育環境，教保服務人員與專業團隊成員共同討論個別化教育計畫之學期與學年目標及特殊教育之執行策略，並嵌入幼兒園一日作息中的不同情境中進行評量。

幼兒園融合教育的
法源依據與精進歷程
CHAPTER 2

本章從立法保障與推動執行兩個部分，說明我國幼兒園融合教育的推動與精緻化之歷程，分為相關法源依據與國內幼兒園融合教育的推動兩部分闡述之。

第一節　融合教育思潮推動融合教育立法

一、「融合教育」思潮的興起

二次世界大戰結束以來，世界從戰爭中尋求復原的方向，人類從戰爭中得到啟示，「和平、尊嚴與平等」成為世界新秩序的軸心。「融合教育」精神奠基於1948年10月聯合國組織所頒布的「聯合國人權宣言」（Universal Declaration of Human Rights）的第26章：「任何人皆有受教育的權利」（United Nations [UN], 2024）。

（一）人人都有接受「適當教育」（Appropriate Education）的權利

在教育上，聯合國人權宣言主張，人人都有接受「適當教育」的權利。「適當教育」一詞之後在美國憲法中，成為保障所有學生在學校都能接受免費且適當的教育的法規名詞。身心障礙學生的受教權益，也必須受到保障。

（二）回歸主流（Mainstream）

從1970年代開始倡議「回歸主流」，讓被隔離的特殊教育學生有機會進到主流教育環境中接受教育。然而，讓特殊需求學生進入普通學校或普通班，對普通教育教師與行政人員的專業帶來極大的衝擊與挑戰，他們需要再學習如何在普通教育的環境中，兼顧一般學生與特殊需求學生的受教權。

（三）普通教育革新（Regular Education Initiative）

在身心障礙學生回歸主流的氛圍之下，因應而生的是1980年代的「普通教育革新」運動，藉由增進普通教育的課程、環境與師資，來滿足學校與班級中的特殊需求學生。

（四）融合教育

1990年代美國透過立法來推動融合教育，對身心障礙學生就學必須達到「零拒絕」，並採取「最少限制環境」之安置原則（宣崇慧、曹純瓊，2021）。1997年美國《身心障礙者教育法案》（Individuals with Disabilities Education Act, IDEA）的修正，進一步保障身心障礙學生在融合教育安置下，經由個別化教育計畫的評估與輔助科技的協助，接受特殊教育與相關專業服務，以獲得免費與適當的教育。

二、美國融合教育的立法推動

美國極力在教育上透過立法推動體制與改革，朝著精緻化特殊教育，以及特殊教育服務年齡向下延伸的方向建置，其建置歷程對臺灣融合教育帶來直接的影響。

（一）1964年「起始方案」（Head Start）

起始方案以貧窮家庭幼兒為對象，但此方案持續至1972年的資料顯示，所服務的幼兒中相當比例的貧窮家庭或不同文化之幼兒，由於文化差異或學習資源不足而被鑑定為身心障礙幼兒。此情況亦顯示，除了幼兒本身的身心障礙特質外，早期生長在惡劣的家庭環境中，也是導致身心障礙的危害因素之一。

（二）1975年頒訂《殘障兒童教育法》（Education for all Handicapped Children Act）

《殘障兒童教育法》即94-142公法，主要以保障學齡階段的身心障礙學童之特殊教育權益爲主；1986年修訂的99-457公法則進一步保障學前階段3-5歲（Part B）與嬰兒和學步兒階段（Part H）幼兒的早期特殊教育與早期療育。

（三）1990年《身心障礙者教育法案》（Individuals with Disabilities Education Act，簡稱IDEA）

《身心障礙者教育法案》之特殊教育法規推動以人爲首要的思維（people first），推動了社會對身心障礙者的看法，不再強調「殘障」本身，而是將重點放在環境中的障礙對個人的影響，推動了融合教育的實行。在學前階段，各州持續提撥研究經費成立研究中心，來推展學前教育實證本位的精神。從融合教育下的課程、教學、評量與師資等不同面向，研發更好的執行模式，並嚴格進行績效分析，以精進學前特殊教育的實務（McLean, Sandall, & Smith, 2016）。此股融合教育的潮流在立法與計畫推廣上付諸行動，也深深影響我國近五十年來朝向融合教育政策與法規之制定。

三、我國幼兒園融合教育的興起

我國對於身心障礙者就學保障的法規，始於1968年頒布的《九年國民教育實施條例》，保障年滿6歲進入國民教育階段的學童的受教權。推動臺灣融合教育的主力，則是在1997年《特殊教育法》第二次修訂，保障身心障礙學生在最少限制的安置環境下，藉由個別化教育計畫的規劃來提供特殊教育與相關專業服務。此次修訂，也將特殊教育服務對象的年齡逐步降低到3歲，亦是幼兒園融合教育正式立

法推動的起始點。

（一）1977年「特殊教育推行辦法」

　　學前階段身心障礙幼兒受教權之保障則始於1977年制定的「特殊教育推行辦法」，讓3-6歲的特殊幼兒得就讀於特殊學校幼稚部。然而，在70年代的特殊教育學校非常少，僅有臺北與臺南等少數縣市有特殊學校幼稚部，其餘則是仰賴宗教或慈善機構所成立的教養中心。對一般幼兒來說，家庭是最重要的生活與學習的場所，讓未滿6歲幼兒離開家庭去住宿學校生活的作法並不理想，也不符合幼兒生長需求。

（二）1997年《特殊教育法》第二次修訂

　　1997年《特殊教育法》的第二次修訂，將學前特殊需求幼兒，列為「發展遲緩」類別，納入特殊教育服務對象之一，透過早期療育的推動與銜接、幼兒園師資培訓、專業團隊合作平臺的建立，以及個別化精神之推動。於此同時，身心障礙嬰幼兒的早期療育也隨著政策法規開始在各縣市推廣執行，早期療育與特殊幼兒教育之間的銜接，讓更多身心障礙嬰幼兒在2歲以前，便可以被早期療育通報轉介系統發現，並順利銜接到幼兒園，同時接受特殊教育服務。1998年《特殊教育法施行細則》明文指出，學前身心障礙幼兒的安置以與普通幼兒一起就學為原則，保障了身心障礙幼兒在普通班級的環境中接受特殊教育的權益。

（三）幼兒園融合教育的精進歷程

1. 1980年代的幼兒融合教育實驗

　　融合教育的實施不易，成功的融合教育應是確保所有學習者接受適當的教育，並循序進步。我國學前階段的融合教育之推動與實施，

雖然始於1997年《特殊教育法》的修訂，但融合教育專業與品質的基礎，則植基於1980年代學術單位實驗教育的研發與推廣，包括：輔仁大學兒童與家庭學系、清華大學前身新竹師範學院特殊教育系、臺灣師大特殊教育中心、臺北市立師範學院附屬實驗小學、彰化師大特殊教育中心等（宣崇慧、曹純瓊，2021）。

2. 五年期提升學前特殊教育品質方案

1997年《特殊教育法》修訂後，政府自2003年起，以五年為一期，逐期推動提升學前特殊教育品質之方案，方案內涵以融合教育品質的精進為主。方案內容包括提高特殊需求幼兒就學機會、建立行政支持體系、教師專業素養提升、融合教育課程與教學的推進、全方位通用課程設計等。截至2023年止，學前教育品質提升方案已執行到第四期。

第二節　臺灣推動幼兒園融合教育之立法與影響

法規是推動特殊教育政策的重要執行推手，臺灣幼兒園融合教育之特殊教育的推動，在政策與法規的制定與持續的推動下，在近三十年內，從過往身心障礙嬰幼兒醫療與教育資源匱乏隔離的窘境，到現今早期療育與學前特殊教育在各縣市廣泛施行，成果顯著。不但給了無數身心障礙幼兒及其家庭早期介入的機會，也為身心障礙嬰幼兒未來發展創造無限可能。

一、學前階段特殊教育以融合教育為主

學前教育階段的特殊教育服務，隨著立法將服務年紀逐年降到2歲，與早期療育銜接，且同步規範以融合教育為主要安置。因此，學前階段的特殊教育之實施，在立法有保障之初，便已開始朝融合教

育的方向努力。

　　臺灣《特殊教育法》從1984年制定以來，在將近四十年的過程中幾經大修，逐漸將特殊教育的安置推向融合教育。每一次的修訂，都值得爲臺灣融合教育的進展標記歷史的印記。根據特殊教育近十年以來統計資料（特殊教育通報網，2024），學前階段身心障礙學生中安置於融合教育班級的幼兒人數比例，均在90%以上。其中，可從兩個重要的數據指標，看出臺灣融合教育的努力足跡：其一爲針對需求而接受特殊教育的幼兒人數快速增加；其二爲融合班級之特殊需求幼兒的安置形態，逐漸以學前特殊教育的服務爲主流。顯示，幼兒園融合教育爲特殊需求幼兒創造平等的受教機會，但也意味著教保服務人員的特殊教育知能與特殊教育支持系統及專業整合平臺，是未來提升幼兒園融合教育朝向扎根與精緻目標的重要精進指標。

二、臺灣特殊教育立法與融合教育的推動

（一）1984年臺灣制定《特殊教育法》奠定特殊教育立法基礎

1. 學前特殊教育的推動

　　1984年《特殊教育法》訂定，奠定臺灣特殊教育發展的法治基礎。其中，對於學前特殊教育的相關制定包括：

　　(1) 第五條，學前教育與國民教育階段之特殊教育，由直轄市或縣（市）主管教育行政機關辦理爲原則。

　　(2) 第九條，師範大學、師範學院、教育學院、師範專科學校或設有教育系、所之大學，爲辦理特殊教育各項實驗研究，並供教學實習，得於其附屬中、小學或**幼稚園設特殊教育實驗班**。

　　(3) 第十五條，身心障礙分成十一類，但尚未包含學前幼兒之發展遲緩類別。

2. 幼兒園融合教育的意義與影響

此時期的特殊教育法規，對學前階段特殊教育服務僅做原則性規範，但學前幼兒就學若有特殊需求時，仍常因跟不上同儕進度、難以管教等原因而被拒絕或建議緩讀。此時期，幼兒園融合教育之推行尚在實驗階段，以各大學、研究中心、或附屬幼稚園特殊教育實驗班為主。

此時融合教育現場普遍的困境包括：學前階段特殊需求幼兒鑑定不易，教保服務人員的班級經營、課程教學與特殊教育專業知能不足，行政人員對特殊教育也不瞭解，無法給予所需的行政支持，導致普通教育中的特殊需求幼兒亦難以獲得特殊教育資源。

（二）1997年《特殊教育法》推動融合教育進入大躍進時代

1. 學前特殊教育的推動

1997年《特殊教育法》的修訂，顯著推動我國學前特殊教育向前躍進，並奠定融合教育的基礎。尤其修訂法規之第三條、第九條、第十七條、第二十五條，均分別針對學前特殊需求幼兒作特別規範。相關重要規範包括：

(1) 第三條第二項第十一款，以學前幼兒為對象，增加**發展遲緩**類別。

(2) 第九條，各階段特殊教育學生入學年齡及修業年限，對身心障礙國民，除依義務教育之年限規定辦理外，並應向下延伸至3歲，於本法公布施行六年內逐步完成。

(3) 第十七條第一項，為普及身心障礙兒童及青少年之**學前教育**、**早期療育**及職業教育，各級主管教育行政機關應妥當規劃加強推動師資培訓及在職訓練。

(4) 第二十五條第一項，為提供身心障礙兒童及早接受療育之機會，各級政府應由醫療主管機關召集，結合醫療、教育、社政主管機關，共同規劃及辦理**早期療育**工作。第二項，對於就讀**幼兒教育機構**者，得發給教育補助費。

(5)《特殊教育法施行細則》則明定，學前教育階段身心障礙兒童，應以與普通兒童一起就學為原則。

(6) 第十三條、第十四條、第十五條、第二十四條、第二十六條與第二十七條等條文，則針對特殊需求之身心障礙學生在接受融合教育上進一步作規範，包括：發現、鑑定、安置，以及融合教育環境中的班級、教學、輔導、個別化精神、輔具使用及親職等重點，相關規範重點也保障學前特殊需求之身心障礙學生，影響幼兒園融合教育品質與發展。

(7) 第十三條，各級學校應主動發掘學生特質，透過適當鑑定，按身心發展狀況及學習需要，輔導其就讀適當特殊教育學校（班）、普通學校相當班級或其他適當場所。身心障礙學生之教育安置，應以滿足學生需要為前提下，最少限制環境為原則。直轄市及縣（市）主管教育行政機關每年重新評估其教育安置之適當性。

(8) 第十四條第一項，為使各級學校就讀普通班之身心障礙學生得到適當之安置與輔導，應訂定就讀普通班身心障礙學生之安置原則與輔導辦法；其辦法，由各級主管教育行政機關定之。第二項，為使普通班老師得以兼顧身心障礙學生及其他學生之需要，身心障礙學生就讀普通班應減少班級人數；其辦法，由各級主管教育行政機關定之。

(9) 第十五條，各級主管教育行政機關應結合特殊教育機構及專業人員，提供普通學校輔導特殊教育學生之有關評量、教學及行政支援服務；其辦法，由中央主管教育行政機關定之。第三項，特殊教育學校（班）、特殊幼稚園（班）設施之設置，應以適合個別化教學為

原則，並提供無障礙之學習環境及適當之相關服務。

(10) 第二十四條，就讀特殊學校（班）及一般學校普通班之身心障礙者，學校應依據其學習及生活需要，提供無障礙環境、資源教室、錄音及報讀服務、提醒、手語翻譯、調頻助聽器、代抄筆記、盲用電腦、擴視鏡、放大鏡、點字書籍、生活協助、復健治療、家庭支援、家長諮詢等必要之教育輔助器材及相關支持服務；其實施辦法，由各級主管教育行政機關定之。

(11) 第二十六條，各級學校應提供特殊教育學生家庭包括：資訊、諮詢、輔導、親職教育課程等支援服務，特殊教育學生家長至少一人為該校家長會委員。

(12) 第二十七條，各級學校應對每位身心障礙學生擬定個別化教育計畫，並應邀請身心障礙學生家長參與其擬定與教育安置。

2. 幼兒園融合教育的意義與影響

此次修法，是落實幼兒園融合教育以及早期療育執行的重要里程碑。

(1) 在服務對象與鑑定安置方面，其內容包括：明定3-6歲之學前幼兒接受特殊教育服務之權益；因年幼難以鑑定類別但有特殊教育需求者，鑑定為「發展遲緩」類別；明定身心障礙學生（包括學前階段）特殊需求的鑑定，並以最少限制環境安置為原則，讓學前階段有特殊需求之身心障礙幼兒，可經由鑑定安置管道，得以留在融合班級中接受特殊教育與相關專業服務。

(2) 在幼兒園融合教育品質的推動方面，相關規定包括：各直轄市、縣（市）應訂定對於普通班特殊需求學生（包括學前階段）的安置原則與輔導辦法，如：酌減班級人數並建立跨專業支持系統服務模式，包括：評量、教學、與行政；普通班輔導特殊需求學生（包括學前階段）的實質作為，包括：師資培訓、無障礙環境、學習輔具與支持、與家長賦權與增能；明定早期療育之迫切並由醫療機構召集醫

療、教育及社政主管機關規劃辦理；就讀幼教機構者則給予教育補助費，以及藉由擬定「個別化教育計畫」提升特殊教育之專業與成效，「個別化教育計畫」成為保障各階段（包括學前階段）特殊需求學生接受高品質特殊教育權益保障的必要法定文件，將個別化精神引入融合教育的實踐場域。

（三）2009年《特殊教育法》的修訂邁入需求導向的特殊教育服務

1. 學前特殊教育的推動

此次修法之相關條文如下：

(1) 第三條，本法所稱身心障礙，指因生理或心理之障礙，經專業評估及鑑定具**學習特殊需求**，須特殊教育及相關專業服務措施之協助者。

(2) 第十一條，高級中等以下各教育階段學校得設特殊教育班，其辦理方式如下：一、集中式特殊教育班；二、分散式資源班；三、巡迴輔導班。

(3) 第三十一條，為使身心障礙學生服務需求得以銜接，各級學校應提供整體性與持續性轉銜輔導及服務。

(4) 第二十二條，各級學校及試務單位不得以身心障礙為由，拒絕學生入學或應試。

(5) 第三十二條，各級主管機關應依身心障礙學生之家庭經濟條件，減免其就學費用；對於就讀學前私立幼兒園、托兒所或社會福利機構之身心障礙幼兒，得發給教育補助費，並獎勵其招收單位。

2. 幼兒園融合教育的意義與影響

(1) 需求導向特殊教育服務：此次修法的重大意義是將特殊教育帶入「需求導向」的鑑定與服務模式。以「需求」來闡述教育安置環境中的身心障礙學生，而非以障礙類別作為鑑定的依據。在身心障礙

學生的鑑定與安置方面，在第三條分類的前提下，先評估具有學習需求，以需求引導分類。

(2) 巡迴輔導成為主要服務形式：增加了巡迴輔導班的服務方式，使巡迴輔導服務形式成為融合幼兒園特殊需求幼兒之主要安置服務方式。

(3) 轉銜服務：訂定轉銜服務，使特殊需求兒童之幼小轉銜階段的轉銜輔導落實於個別化教育計畫中。

(4) 融合幼兒園零拒絕：應用獎勵機制，持續增加學前特殊教育需求之身心障礙學生的就學機會，讓身心障礙幼兒得以在學前階段進入公私立融合幼兒園接受特殊教育服務。

（四）2023年《特殊教育法》修訂朝向通用設計課程之正向支持的融合教育

1. 學前特殊教育的推動

2023年《特殊教育法》修訂，著重以融合教育場域為主的修正，保障融合教育環境中有特殊教育需求之身心障礙學生的各方面權益，包括：身心障礙學生與幼兒的人格權與表意權，以及融合教育場域環境與課程的全納性，諸如：通用設計、課程調整、可及性、非歧視等概念及措施規劃。與該次修訂精神有關的重要修訂條文如下：

(1) 第十條第一項，特殊教育學生及幼兒之人格及權益，應受尊重及保障，對其學習相關權益、校內外實習及校內外教學活動參與，不得有歧視之對待。第二項，特殊教育與相關服務措施之提供及設施之設置，應符合融合之目標，並納入適性化、個別化、通用設計、合理調整、社區化、無障礙及可及性之精神。第三項，特殊教育學生遭學校歧視對待，得依第二十四條之規定提出申訴、再申訴。第四項，中央主管機關應針對各教育階段提供之合理調整及申請程序研擬相關指引，其研擬過程，應邀請身心障礙者及其代表性組織參與。

(2) 第十一條，身心障礙學生，就所有影響本人之事項有權自由表達意見，並獲得適合其身心障礙狀況及年齡之協助措施以實現此項權利。

(3) 第二十五條第一項，各級學校、幼兒園及試務單位不得以身心障礙為由，拒絕學生、幼兒入學（園）或應試。

(4) 第三十條第一項，高級中等以下學校及幼兒園，應加強普通班教師、輔導教師與特殊教育教師之合作，對於就讀普通班之身心障礙學生及幼兒，應予適當教學及輔導。第三項，幼兒園有招收身心障礙幼兒者，園長應協調提供教保服務人員所需之人力資源及協助，並得經鑑輔會評估調整身心障礙幼兒就讀之班級人數；該班級調整班級人數之條件及核算方式，由直轄市、縣（市）主管機關定之。

(5) 第三十一條第一項，高級中等以下學校應以團隊合作方式對身心障礙學生訂定個別化教育計畫，訂定時應邀請身心障礙學生本人，以及學生之法定代理人或實際照顧者參與；必要時，法定代理人或實際照顧者得邀請相關人員陪同參與。經學校評估學生有需求時，應邀請特殊教育相關專業人員參與個別化教育計畫討論，提供合作諮詢，協助教師掌握學生特質，發展合宜教學策略，提升教學效能。第二項，身心障礙學生個別化教育計畫，應於開學前訂定：轉學生應於入學後一個月內訂定；新生應於開學前訂定初步個別化教育計畫，並於開學後一個月內檢討修正。第三項，前項個別化教育計畫，每學期至少應檢討一次。第四項，為使身心障礙學生有效參與個別化教育計畫之訂定，中央主管機關應訂定相關指引，供各級學校參考：指引之研擬過程，應邀請身心障礙者及其代表性組織參與。第五項，幼兒園應準用前四項規定，為身心障礙幼兒訂定個別化教育計畫。

(6) 第三十八條，學校及幼兒園應依身心障礙學生及幼兒之教育需求，提供下列支持服務：教育及運動輔具服務、適性教材服務、學習及生活人力協助、復健服務、家庭支持服務、適應體育服務、校園

無障礙環境、其他支持服務。

2. 幼兒園融合教育的意義與影響

(1) 幼兒園融合教育規範與十二年國民基本教育同步：雖然學前教育並不在十二年國教的年限中，但在2023年修法中，各法條在各級主管機關或學校的組織中，均已明確逐條在遴選委員與參與中，加入幼兒園行政人員以及教保服務人員，使得《特殊教育法》對於學前階段的特殊教育之實施有更明確且完整的規範保障。此外，對於幼兒園融合教育之實行，亦在教保服務人員之特教知能成長、學前幼兒的人格權、融合教育之課程與教學品質之保障等，均做明確規範。

(2) 幼兒園行政人員為融合教育支持系統之重要橋梁：考量幼兒園融合教育環境與特殊教育法規之規範，幼兒園之行政人員與教保服務人員需注意以下事項：幼兒園行政人員部分，首先，應就幼兒園實際教學狀況、特殊教育需求幼兒的發展、學習與行為困難、教保服務人員帶班的實際情況與需求，在鑑輔會鑑定資料上充分表述，以協調提供所需的人力資源及協助，或申請酌減班級幼兒人數。此外，應視融合班級中的特殊教育服務需求，鼓勵並協助教保服務人員參與特殊教育研習與進修。

(3) 幼兒融合教育之多層次課程設計：教保服務人員部分，應學習瞭解與設計融合班級中的課程通用設計、課程調整、無障礙環境規劃，以及幼兒在融合班級中對各種教學方式及教材教具的可及性。

(4) 教保服務人員多元之班級經營與親職關係：指導有特殊教育需求之身心障礙家長，如何引導幼兒瞭解並參與各項教育規劃，包括：鑑定安置、個別化教育計畫的活動及目標擬定與實施等，可從幼兒本身的學習風格、學習興趣、家庭文化、社區資源等各層面，幫助引導幼兒充分表達其對各項活動、教玩具設備、各種處理措施的看法與喜好。

　　(5) 專業團隊合作：教保服務人員應與特殊教育巡迴輔導教師及相關專業團隊成員建立良好的溝通平臺，在該平臺上，可隨時傳遞幼兒在融合教育學習的情形與行為表現，並獲得特殊教育與相關專業人員即時的諮詢與回饋。

幼兒園融合教育
的理論基礎
CHAPTER 3

幼兒園實施融合教育是基於跨領域相關理論之引導方針，包括：教育心理學、神經科學，以及社會家庭等不同理論派典。本章以教育心理學爲主要論述，理論包括：行爲學派、認知建構理論與維高斯基的社會文化觀點理論；神經科學闡述幼兒先天神經發展與早期融合教育的益處；依據社會與家庭理論，討論幼兒融合教育與早期療育的服務脈絡。

第一節　神經生物發展觀點

一、神經生物發展受先天與後天影響

嬰幼兒大腦神經在內在生理發育、外在環境刺激的多重支持下，持續發展。大腦神經指引嬰幼兒感官知覺、動作、認知、語言與情緒等全面的活動與發展。展現各種感官刺激、動作反應、認知理解、語言，以及情緒接收與表達等活動表現，不斷回饋大腦神經迴路的學習。也就是說，嬰幼兒的大腦神經發展隨著所處環境適應的需求，而產生各種與生俱來的技能，例如：走路、跑步、或語言等。在正常的家庭環境中，嬰幼兒隨著大腦的成熟表現，前述各種與生俱來的生活技能之發展有一定的先天順序與時機（Kagan & Herschkowitz, 2005），但也存在一定程度的內在個別差異。以幼兒語言與溝通發展爲例，在一般母語環境刺激下語言發展正常的幼兒，在1.5歲至2歲之間會有簡單的語言詞彙表達。在2歲進入幼兒園後，隨著身心發展與幼兒園活動課程引導，會有更豐富的語言溝通技能（錡寶香，2006）。但有少數語言發展遲緩的幼兒，在幼兒園中的互動會因語言能力而受限制，表現出沒有回應、答非所問、不理解團體指令、或小組學習區學習孤立等，需要老師進一步的鷹架與引導，必要時，須由相關專業人員（學前特殊教育巡迴輔導教師或語言治療師）進行個

別或協同指導（楊敏君，2018）。

二、早期介入可預防或緩解發展遲緩或身心障礙

在大腦神經生物發展觀點上，先天的神經生物發展與後天的教養需同時保有。大腦先天發育異常、生理疾病，以及後天教養上營養不良、過度管教導致探索活動的剝奪，或忽視而造成的外在環境刺激不足等因素，均會影響幼兒大腦神經的持續發展，進而導致不同層面的發展遲緩或身心障礙；也就是天賦（nature）與教養（nurture）並進，促進大腦神經在適應環境需求的刺激上得到充分的發揮。

早期介入，能及早發現幼兒遲緩或障礙的原因，針對相關原因給予療育或支持，可在嬰幼兒大腦神經發育可塑性尚高的關鍵期，給予及時的補救。而目前政策下，年滿2歲幼兒可接受幼兒園融合教育，讓先天或後天條件不利的幼兒，及早進入社會環境，增加與其他幼兒互動與學習的機會，並在專業評估下接受特殊教育。

第二節　行為學派與幼兒融合教育

一、行為反應、增強與學習

（一）行為刺激、反應與行為增強

教育心理學的發展以行為學派（behaviorism）為濫觴，在1920年至1960年間為學習理論奠定科學基礎。此系列心理實驗對學習的影響起於巴夫洛夫（Ivan Pavlov）的古典制約（classical conditioning），其對教育的重要影響則奠定在以「外在環境刺激會對神經生理產生反射效果」為前提，提出外在環境刺激，可影響個體的行為反應。古典制約所引起的反應為非自主反應，從唾液分泌到不同情緒反

應。進而，史金納（Burrhus Frederic Skinner）提出操作制約（operant conditioning），透過有目的之調節外在環境刺激，讓行為反應隨著調節目的而變化。例如：好的行為後立即的「正增強（positive reinforcement）」，讓行為因增強效果而更穩定。以融合幼兒園一日作息為例，幼兒早上進教室後，把背包與外套掛好者可得到立即的增強——可立即享用小餅乾點心，如此班級幼兒便容易建立「將背包與外套掛好」的行為常規。由於個體反應行為會受不同增強效果所影響，此可說明操作制約的行為反應，屬於個體因應環境可自主控制的行為。

（二）融合班的班級經營

幼兒園教師開學第一週建立班級常規時，教保人員先建立幼兒「聽到老師拍手（刺激），到團討位置就坐準備上課（行為反應）」，此一「刺激—行為」制約的建立，會因為教師的「增強」而穩固，亦即，教師送給已坐好的幼兒立即的社會增強（例如：小文、小齊、小玲今天最棒，已經準備好要上課了）或累積集點的貼紙。經過幾次演練後，多數幼兒只要聽到老師拍手，就會快速移動到團討位置坐好準備上課。教師可透過行為前的刺激提示，引導欲建立的行為能力，再透過增強使該行為趨於穩固，成為對適應與學習有用的能力。

二、運用行為分析與正向行為支持

（一）行為功能分析與正向行為支持

《特殊教育法施行細則》第十條第四款，對於特殊需求學生個別化教育計畫的內容規範明定，需為具有情緒與行為問題的學生，建立行為功能介入方案與行政支援的資料。「行為功能介入方案」，即為前述透過對情境中所發生的行為進行記錄分析與行為支持之方法和

歷程。透過對個體在自然情境中之行為功能的觀察、記錄、描述、分析與預測，教保人員依據環境人、事、物或個體內在的需求等多元面向進行評估，在課程與教學、環境規劃及個體內在影響因素等多元面向，進行事前調整與介入，以預防問題行為的發生，並規劃與建立能促進個體能力增進的行為與能力，此即「正向行為支持」（Positive Behavior Support, PBS）（Center on Positive Behavioral Interventions & Supports, 2024）。

　　行為分析技術應用於真實的情境上，才能直接建立「情境—行為」之間相互的正向關係。

　　在真實教育情境的應用上，可進行以下步驟：

1. 情境與行為紀錄

　　依幼兒行為發生的關係人（包括同儕或成人）、事件經過、時間、地點等進行分析描述，並具體測量相關情境下行為發生的頻次（例如：每小時分心的次數）或強度（例如：每次分心的時間平均長度），以及該行為特質在環境中的質性描述。例如：哪些時段、活動或工作要求時，幼兒分心的頻次最高？分心時是處於發呆抑或是找自己有興趣的事情？分心一段時間後是否可在教保人員提示下回來繼續原來的活動？等。

2. 「情境—行為」關係的分析

　　此行為分析的歷程中，教保人員可透過量化與質性的行為記錄資料，分析幼兒特定行為在自然的融合情境中發生的關係。教保人員根據一段時間的觀察與記錄，瞭解「情境—行為」間的關係，進而根據資料進行分析。

3. 分析行為發生的前事原因

　　問題行為的原因可能與個體內在本質或外在環境刺激有關。教保服務人員與專業團隊及相關行政人員共同討論，找出問題行為的原因，以團隊合作的方式規劃與執行介入策略，並在融合班級的不同情

境中進行評量。

4. 正向行為支持與評估成效

　　教保服務人員根據行為背後的原因，做環境、教學的調整，或提供提醒、協助等正向支持，進而記錄問題行為是否因為環境的調整或支持而改善。

（二）幼兒園融合班級實務

1. 以專業團隊合作分析影響因素

　　在融合班級中，除了外在因素影響外，亦有少數幼兒因不同身心障礙原因（例如：發展遲緩、注意力不集中、自閉症、腦性麻痺或視聽力障礙等），無法在一般情境下適應班級常規，以及參與課程活動。教保服務人員需要透過專業團隊合作，透過個別化教育計畫的規劃與介入，在融合教育情境中，積極協助幼兒建立適應與參與融合教育情境的生活與學習技能。

2. 班級經營之遵守班級常規

　　以班級經營之跟隨教保服務人員的訊號，做正確的反應行為建立為例，教保服務人員與相關專業團隊需要根據此等幼兒的身心障礙情況、融合班級的適應狀況，以及特殊教育學習需求進行評估。評估的內容應包含：幼兒本身身心特質、家庭狀況、融合幼兒園課程、教學與環境等關係，以及幼兒在此環境中，是否具有進行一日作息活動與參與課程學習活動的相關技能，諸如：生活自理、社交溝通、情緒管理、注意力、語言理解與表達等不同領域面向的能力，進而在課程、教學與環境等不同面向為幼兒建立正向的支持。透過正向行為支持，在融合幼兒園教室建構正向的環境規劃、班級經營與常規建立等，不但可在各項生活自理與學習活動中，為幼兒建立自我管理與配合團體生活的自我照顧、語言溝通與社交人際能力，亦可藉由有效的行為管理策略，預防或改善少數幼兒的情緒行為問題。

(1) 建立發展遲緩幼兒對班級指令的反應：舉例來說，若發展遲緩幼兒對環境刺激中的「提示—反應」的連結學習較慢，老師在給予提示的同時，可增加以下的提示或課程調整：

① 增加提示：特別給予該幼兒更多的眼神、口語或肢體協助，讓此等增加的訊息伴隨拍手兩下的訊息同時出現。

② 提供示範與模仿的機會：讓同班幼兒輪流做，以提供情境示範的機會，幫助發展遲緩幼兒有更多次的配對模仿與練習的機會。

(2) 支持聽覺障礙幼兒在融合班級對指令訊息的接收：針對聽覺障礙幼兒不易聽到吵雜環境中的聽覺訊息，教保服務人員可做以下提示或調整：

① 鼓勵一般幼兒注意聆聽他人說話。

② 讓聽障幼兒有安靜聽的環境。

③ 同時在聽障幼兒視線範圍內給予視覺訊息提示（例如：眼神、手勢、動作、圖片等）。

(3) 減少注意力缺陷及過動幼兒的衝動行為：注意力缺陷及過動幼兒較容易在活動轉換的時間及過程中，忽略教室常規的規範，或衝動行事（例如：直接跑出教室或洗手插隊等）。教保服務人員在課程與教學活動上可調整的範例，如：

① 在活動轉換前先讓幼兒有事可忙（例如：幫助老師在旁為洗好手的幼兒叫名，引導他們到座位坐好），當多數幼兒都完成洗手並就位坐好後，再給予該幼兒獎勵並請該幼兒也去洗手並就坐。

② 引導不善等待的幼兒規劃出等待的時間。教導幼兒，計算前方排隊幼兒人數，告訴自己，「在5個人以內的話，我都可以等待」。引導幼兒進行心理計算，如：「還剩4位、還剩3位」等。「如果超過5位同學的排隊，我可以先去做其他的事情。」教保服務人員可隨著幼兒的進步，慢慢增加其等待的人數訓練，並將其進步記錄在個別化教育計畫的短期目標中。

🙂第三節　建構學習與社會文化觀點下的幼兒園融合教育

一、建構理論

（一）建構學習理論

　　教育心理學理論中的「建構」，是指幼兒在特定的發展能力上，透過對外在人、事、物的好奇、把玩、操作與互動等歷程，而從現有的知識上逐漸習得新的認知概念，進而對於概念的理解更詳實。皮亞傑（Jean Piaget）將認知發展分成感覺動作期、前運思期、具體運思期與形式運思期四個階段。個體在此四個不同發展階段的過程中，會運用不同的運思歷程理解與學習外在事物。皮亞傑的建構理論在教育上的指引重點，包括：(1)讓幼兒透過操弄外在物件或環境來學習（例如：實體的教具或玩具）；(2)符號表徵系統及語言發展（例如：大量的詞彙及語句習得）；(3)符號遊戲發展（例如：幼兒在扮演區使用一根筷子當作仙女棒）等（Odom, 2016）。建構理論強調讓學習者透過參與、實地操作與遊戲等活動來建構新的知識與概念，在教育上的影響極其深遠，使教學者可依循學習者的發展情形，設計課程與教學活動，並在幼兒的適當能力上給予建構引導。

（二）幼兒園融合教育的建構引導

　　我國幼兒園規範使用之課程為「幼兒園教保活動課程大綱」（教育部，2016），依照前運思期以前的幼兒發展情形，設定能力指標，即是以建構理論概念為基礎，引導教保服務人員發展適合幼兒發展的課程與教學活動。其他幼教常見的幼教課程與教學，亦受建構理論影響，例如：蒙特梭利課程運用一套根據幼兒發展而規劃嚴謹的課

程教具，提供高度舒適與穩定的環境，讓幼兒於自發性的操作環境中規劃好的教具，滿足內在的學習需求。高瞻課程則讓幼兒透過教師規劃的遊戲方案，在遊戲過程中進行探索、發現問題、解決問題、工作與回顧等學習歷程。

二、社會文化觀點

（一）社會文化觀點

維高斯基的社會文化觀點對幼兒融合教育的安置與教學影響甚巨，該觀點主張，身心障礙者屬於社會文化中的一分子，沒有一個個體是完美無缺的，端視其所處環境下，人們對於彼此差異的看法與態度，以及軟硬體環境設施是否充滿障礙（Vygotsky, 1983，引自Gindis, 2003）。因此，一個具有融合力的文化環境，應能夠讓不同文化、特質或身心障礙的人，均有機會正常參與社會活動與發展社交關係。在人我間的差異上，對於身心障礙者，則需改善環境中的障礙，關注優勢能力的發揮，使其具有獨立自主的能力與自信。

維高斯基對後代教育心理的影響，包括：近側發展區的引導、中介鷹架技術、符號語言內化的逐步成熟與應用、自我規範的能力，以及內在情緒與認知上的統整。

（二）社會文化觀點對融合教育的影響

在融合教育環境中，教保服務人員在創造共榮氣氛與無障礙環境上扮演重要角色，可從以下三個部分分層規劃：

1. **高品質的普通教育環境**：在班級中，規劃包容多元的課程、教學與班級經營。

2. **差異化的課程調整**：針對少數幼兒需求進行課程調整，規劃無障礙的一日作息環境。

3. **個別化精神的落實**：針對發展遲緩或身心障礙幼兒的特殊需求，與學前特教教師協同創造專業合作的平臺，落實個別化教育計畫的擬定與評量，提供多層次的融合教育課程架構。

第四節　理論證據植入實務的科學

科學理論運用到現場實務須透過有規劃的執行計畫，以及有效率的行政實務來推動落實，包括：計畫、執行、評估、修正等歷程。證據來自於理論層級的支持、資料蒐集，以及嚴謹的資料分析、解讀資料，進而思考此等以理論為依據的科學證據，在複雜的實務工作中的運用與調整。此一歷程乃為將理論證據植入實務的科學（Implementation Science），要確實在融合教育現場落實以科學為導向的實務工作，需有有效的行政領導，建立相關知能與技術傳遞的平臺，在此平臺上須包括：建全的行政系統、相關專業人員與教師之間的合作諮詢、個別化教育計畫的擬定執行與評量，乃至於方案評鑑，以形成滾動式修正的機會。

在此平臺系統的運作上，主管教育機關行政人員、相關專業人員、幼兒園行政人員及融合班教保人員，是在專業平等的角色上互動及各自貢獻，可以促成：以行政協調落實政策法規、相關專業團隊不定期進行個案討論分享專業，以及課程與教學方面掌握證據本位實務（evidence-based practice）原則等。相關說明如下：

一、行政協調落實政策法規

幼兒園融合教育之執行，須透過行政系統的支持以落實法規的執行，並將軟硬體不同面向的資源整合。相關行政人員於中央以教育部為主，若與幼兒早期療育有關的服務，則另歸屬衛生福利部。各直

轄市、縣市的行政單位，則以教育局（處）的幼兒教育科或特殊及幼兒教育科之相關業務行政人員為主。各幼兒園的部分，則由幼兒園園長、國民小學附屬幼兒園主任及學校相關行政教師協助辦理。每一層級間的行政人員，均須依照法規進行正式或非正式的研商、討論、規劃、執行與評鑑等，以保持各層級間的人員溝通與支持系統資源的共享，確保融合幼兒園特殊需求幼兒的特殊需求服務品質。相關行政服務內涵，包括：特殊需求的鑑定、安置與輔導、教師在職專業課程的規劃、無障礙環境與輔具設備的評估與提供、學前特殊教育教師或相關專業團隊的合作、個別化教育計畫的擬定與執行，以及融合方案的評鑑等。

二、跨專業團隊合作

　　雖然融合幼兒園中的特殊需求幼兒，主要由幼兒園教保服務人員進行融合教室內的主要規劃事宜，包括：環境、一日作息、主題或學習區活動、課程教學與評量，以及親師溝通與合作等，但是，在滿足特殊需求學生所需的特殊教育專業服務上，上述活動則需要透過跨專業團隊合作才能順利完成。跨專業團隊成員包括：衛生（如醫療人員及治療師等）、教育（幼兒園教保服務人員及特殊幼兒教師等）及社會領域（如早療社工師及家庭資源輔助等）的相關專業人員。不同專業人員在合作的過程中，需要具有合作平臺與協調機制，以找出彼此合作進行的方法。因此，不同專業背景的專業知能，以及溝通合作過程中諮商、協調的理論與技術，該如何植入實務現場，也是落實幼兒融合教育的思考重點。

三、證據本位實務

　　證據本位實務原則，是指透過以科學證據作為現場實務工作的基礎，其包括的實務面向，如政策制定到教學實務之間的各種重要決定，再從實務工作上累積科學證據，反饋修正政策與科學知識的理解，進而將科學與現場工作之間的連結導向一個有效的循環與滾動修正的機制上（Boyd, Kucharczyk, & Wong, 2016）。美國2001年NCLB法案（No Child Left Behind Act）目標的達成，主要透過提高教師專業品質來落實，高效能的教師須具備證據本位實務的理念與能力，包括：選擇證據支持有效的課程與教材、精進的教學能力、具課程調整的彈性，以及蒐集與製作學習檔案，並具有分析資料以評估學生對教學的反應情形，進而回饋教學修正等。

　　我國教育部亦走向「帶好每一個學生」的政策方向，在國民教育階段，積極推動多層次支持系統的理念，以融合教育脈絡為思考主軸分成三個支持層級的專業服務。第一層級以高品質課程與教學為基礎；第二層級是在高品質課程與教學的脈絡中，調整普通課程、教學與環境，亦針對有需求的學生提供學習扶助支持；第三層級則是針對在第一層級與第二層級支持下仍有特殊需求的學生，提供特殊教育及相關專業服務。在幼兒園融合教育的脈絡下，由於幼兒發展與學習需求傾向從一日作息、主題活動探索、學習區的社會互動與實際操作，以及充足的體能活動等課程活動中培養。融合幼兒園中的多層次課程建構與差異化教學執行，極富有其特質與彈性，融合幼兒園教保服務人員理解此課程原理後，將可有充分的專業發展空間，研擬設計並同時滿足普通及特殊需求幼兒的學前融合課程。目前幼兒教育課程、多層次支持系統的課程理論與實務，以及其在幼兒園融合教育中的展開與落實，將於本書第二篇幼兒融合教育的課程建構作深入討論。

第二篇
幼兒園融合班級課程之
理論與實務

我國幼兒園融合教育主要依「幼兒園教保活動課程大綱」（教育部，2016）的核心精神，以幼兒為中心的課程與教學，每位幼兒在年齡、發展里程與個體優弱勢表現上，展現自己的學習風格或興趣。依據《特殊教育法施行細則》第七條[1]第二項，教師在融合教育所需之知能，在課程設計上應具備「通用設計」、「合理調整」與「個別化支持服務」。「通用設計」是指課程中的全方位通用設計，即是考量人類多樣性，課程與教學活動設計時，應考量全體幼兒的適用性。「合理調整」是指在差異化的教學設計中，教保服務人員進一步要根據班級幼兒的多元差異性，進行課程調整或運用教學策略，進行差異化的教學設計，以支持多數幼兒都能參與學習並持續進步。「個別化支持」則是個別化精神的實踐，考量特殊教育需求幼兒之特殊教育與相關專業服務，透過專業團隊合作諮詢的方式，共同擬定幼兒的個別化教育計畫。教保服務人員與特殊教育及相關專業人員形成專業合作諮詢的平臺，持續依循個別化教育計畫，在融合教育中進行教學介入與評量。

　　本篇為幼兒園融合班級中的課程規劃之理論與實務，建立在「全方位通用設計課程」、「差異化的教學設計」，以及兼顧「個別化精神」三個重點，依以下五章分述：

---

[1] 《特殊教育法施行細則》第七條第二項：本法第十八條第二項所定融合教育所需之知能，其內涵應考量學校與幼兒園全體學生及幼兒所需之生活適應、人際互動與學習參與之重要知能，包括下列內容：
一、人類多樣性、特殊教育學生及幼兒特質與輔導。
二、身心障礙學生及幼兒人權與平等措施。
三、通用設計、合理調整與個別化支持服務。
四、無障礙、可及性與社會參與。
五、課程教學調整、轉銜輔導及終身學習之教育。

第四章幼兒園融合教育課程、第五章幼兒園融合教育之多層次課程建構、第六章幼兒園融合教育全方位通用設計課程規劃、第七章幼兒園融合教育之課程調整與差異化支持策略，以及第八章幼兒園融合教育之個別化精神落實。

本篇各章的課程學習前後，讀者可思考以下問題：
第四章與第五章的內容，建議讀者思考以下問題：

1. 如何在多元化的幼保課程中，發展不同層次的支持系統？
2. 如何在一日作息活動中，針對不同學習需求的幼兒，規劃多層次的支持系統？
3. 如何運用「幼兒園教保活動課程大綱」的課程與學習指標，規劃多層次的課程與教學？
4. 如何運用「幼兒園教保活動課程大綱」的課程與學習指標，進行教學省思與學習評量？
5. 如何以多層次課程的觀點，促進幼小銜接？
6. 自己的班級中，有哪些外在與內在的多元性？
7. 自己的班級中，有哪些幼兒需要差異化的支持與課程調整？
8. 自己班級中的特殊需求幼兒，有哪些能力可以嵌入於目前的融合班課程中進行？
9. 如何在融合幼兒園的多層次課程架構下，設計多層次的課程教學活動並評量學習歷程與成果？

第六章至第八章的內容，建議讀者思考以下問題：

1. 全方位通用設計課程包含哪些多元成分？以及其意義為何？
2. 以班級中的一日作息來思考，幼兒可在哪些活動中建立「自我規律」的能力表現，以建立主動參與的能力？

3. 以幼兒園的一日作息來思考，融合班中可發揮哪些「多元參與」、「多元表徵」，以及「多元表達」的規劃設計？

4. 以幼兒園課程活動來思考，融合班中可發揮哪些「多元參與」、「多元表徵」，以及「多元表達」的規劃設計？

5. 從幼兒的家庭與本身特質來思考，幼兒園融合班級中有哪些來自幼兒的多元差異性？

6. 教保服務人員如何在不同的差異下，進行課程調整提供差異化支持？

7. 請列舉如何透過課程調整與差異化支持，增加專注力不佳幼兒在一日作息中的自律能力。

8. 請列舉如何透過課程調整與差異化支持，提升語言發展遲緩幼兒參與讀寫活動的學習品質。

9. 當特殊需求幼兒有情緒行為問題時，教保服務人員應針對該情緒行為問題進行行為功能介入方案與行政支援。進行行為功能分析的相關程序有哪些？如何進行？

10. 個別化教育計畫有哪些重點內容？該如何擬定？

11. 個別化教育計畫須以專業團隊合作的方式進行。「專業團隊」成員可包括哪些專業？如何根據幼兒特殊教育需求組成相關專業團隊成員？

12. 如何透過相關專業團隊合作擬定個別化教育計畫？

幼兒園融合教育課程
CHAPTER 4

　　「課程」規劃了學習者在特定學習階段的發展與學習軌跡，也給予教師明確的教學指引。因此，世界上多數國家都會考量本身的文化與國情，制定國定課程綱要，作爲國家教育方針。教育部針對不同學制所頒布的課程，幼兒園爲「幼兒園教保活動課程大綱」（教育部2016）；國民教育階段則爲「十二年國民基本教育課程綱要」（教育部，2014）。此外，亦有因應特殊學習需求所頒布之「身心障礙相關之特殊需求領域課程綱要」（教育部，2019）。本章共分爲三節，第一節介紹我國「幼兒園教保活動課程大綱」與幼兒園課程和常見的課程設計類型；第二節說明因應融合教育下之多樣性與差異化，教保服務人員如何進行差異化的課程與教學設計；第三節則說明幼教課程與十二年國民基本教育課程之銜接。

第一節　幼兒園教保活動課程

　　幼教課程與教學的設計，乃配合「幼兒園教保活動課程大綱」，以幼兒爲中心設計多元課程活動；其次，實踐教育即生活，注重幼兒在一日作息中培養各種能力發展；在課程設計與教學的過程中，教保服務人員也需要因應個別差異的需求進行課程調整與多元評量。

一、幼兒園教保活動課程大綱

　　幼兒園的課程與教學設計相當多元，教保服務人員可以團體整班進行、分組、或個別獨立操作等方式，設計不同的活動形式，例如：繪本故事閱讀、幼兒數學與科學實驗探究、幼兒戲劇、幼兒體能與音樂律動、幼兒美學、品德陶養與多媒體應用等。教保服務人員依據課程綱要，掌握幼兒能力現況進行跨領域課程與教學設計、應用教學原理設計教學活動，以及進行教學省思與學習評量。

　　「幼兒園教保活動課程大綱」以「仁」爲出發，發揮孝悌仁愛思想。本課程綱要強調以幼兒爲主體，陶養愛人愛己、關懷環境、面對挑戰、踐行文化的德性。本課程訂定六大領域的課程目標與學習指標，包括：「身體動作與健康」、「認知」、「語文」、「社會」、「情緒」與「美感」六大領域。課程設計上，採跨領域課程設計的精神，尊重幼教老師課程與教學設計的專業，考量幼教現場的多元性，並在幼兒的日常作息中，培養幼兒建立「知覺辨識」、「表達溝通」、「關懷合作」、「推理賞析」、「想像創造」，以及「自主管理」等六大核心素養，形塑未來公民應具備的雛形：重溝通、講道理、能思考、懂合作、有信心、會包容（教育部，2016；盧美貴，2021）。

二、常見的幼教相關課程

　　幼兒園課程非常多元，常見的幼兒園課程設計包括：「單元課程」、「主題課程」、「方案課程」、「華德福課程」、「蒙特梭利課程」、「高瞻課程」，以及「學校本位課程」等。近年國內亦有許多創新特色課程的設計，包括：「美感課程」、「翻轉課程」、「問題解決課程」，以及「史帝姆（STEAM）課程」等（盧美貴，2021）。

（一）單元課程

1. 單元課程之特質

　　幼兒園單元課程活動設計是以幼兒的生活經驗配合時令而設計，由幼兒園教師依據幼兒發展情形選擇跨領域學習活動目標與單元活動。課程的進行以老師爲主導，幼兒跟著老師的活動安排，配合著老師的口令節奏，進行生活語文、數學、美勞、唱遊及戶外活動的學習

（盧美貴，2021）。

2. 融合教育與單元課程

單元課程的內容設計與執行主要以老師為主導，注重班級整體步驟的進行，故幼兒園教保服務人員須特別針對幼兒特殊需求評估進行課程、教學與評量的調整，才能滿足個別需求。目前，配合幼兒園教保活動課程大綱跨領域課程統整設計與規劃教學活動，單元課程逐漸轉型為以主題或方案為主的形式。

（二）主題課程

1. 主題課程之特質

主題課程脈絡下，教保服務人員事先規劃學年或學期的主題，規劃主題概念網，並配合新課綱的學習指標設計教學活動。進而，依據幼兒在主題相關活動中的表現，進行教學省思與觀察記錄，作為修正教學與教材，並評量幼兒表現的依據（盧美貴，2021）。

2. 融合教育與主題課程

融合教育的環境中，主題教學活動配合課綱學習指標而設計，故教師在各領域學習指標的訂定，可參考不同年齡與能力之教學指標，調整教學方式與活動歷程的複雜度，考量學生不同面向的差異性，包括：多元文化、城鄉區域、家庭觀念，以及幼兒發展程度等，做全方位的課程規劃與實施。

（三）方案課程

1. 方案課程之特質

方案課程顧名思義是引導幼兒主動思考，對生活中的人、事、物啟動學習與探索，進而規劃成一個有系統的解決方案。故教師在課程設計的過程中，扮演著陪伴、鷹架、促進的角色，以幼兒思考與解決問題為主軸，帶領幼兒從問題解決到創造出實用且有創意的想法和執

行方案（盧美貴，2021）。

2. 融合教育與方案課程

在融合教育中，教師可以運用合作教學、對話式鷹架等教學策略，透過對話、討論、實作的歷程，讓不同程度的幼兒能夠深入淺出在符合自己的目標任務上，發揮自己的優勢，得到學習的成就感。

（四）華德福課程

1. 華德福課程之特質

華德福課程著重幼兒「身、心、靈」的統整性，在學習歷程中，引導幼兒發展自己的感受力（feeling）、思考力（thinking），以及其內在意志（willing）。華德福課程中的重要元素為，在創意、藝術與日常活動中建立具有美感特質的內在自律，進而建立穩定、協調、與自律的人格特質（盧美貴，2021）。

2. 融合教育與華德福課程

融合教育中，尊重幼兒個別性，提供正向行為與差異化支持的環境，這部分與華德福課程的精神與實踐一致。

（五）蒙特梭利課程

1. 蒙特梭利課程之特質

蒙特梭利課程的特色在於縮小版可真實操作的教材教具，以及優雅又井然有序的環境規劃。幼兒在規劃好的教材安排中，透過親自的操作來發現數學、科學以及語文的奧妙。在過程中，教師的角色為觀察者，並適時提供鷹架（盧美貴，2021）。

2. 融合教育與蒙特梭利課程

蒙特梭利課程的精神非常符合融合教育個別化的課程與教學設計，即便是發展遲緩或身心障礙的幼兒，教師亦能根據個別需求設計適宜的教材教具與教學引導，同時進行個別化教育計畫之歷程評量。

（六）高瞻課程

1. 高瞻課程之特質

高瞻課程有以下五個特質：一是從幼兒參與計畫並執行的教學歷程，強調幼兒的主動學習；二是成人在歷程中的正向言語支持，包括：正面鼓勵、提問式的對話引導問題解決；三是教師運用學習區的安排，作為教學的延伸與深化；四是學習融入一日作息；五是提供教師在各發展領域之具體的觀察與評量之檢核工具（盧美貴，2021）。

2. 融合教育與高瞻課程

高瞻課程以完全融合為主，因其課程特色本身即考量了個別化的精神，以幼兒為中心規劃差異化的教學歷程與學習環境。此外，清楚具體的評量指標，能幫助教師從教學實施與幼兒反應中，儘快發現幼兒的個別需求，在教學中進行調整，同時尋求特殊教育跨專業整合資源融入課程。若幼兒在特殊技能上需要加強，教師可在專業人員的諮詢下，讓該特殊技能於一日作息中進行類化與練習。

（七）幼兒園本位課程

1. 幼兒園本位課程之特質

幼兒園本位課程是以不同幼兒園所在的風土與生活模式為核心，發展出體現幼兒生長文化特色的課程與教學。此向下扎根式的課程設計，應從全球化思維著手，亦即從巨觀的思維導入與個人生活息息相關的微觀體現。例如：從全球糧食短缺的議題，引導幼兒思考在地文化中的作物或食物來源（盧美貴，2021）。

2. 融合教育與幼兒園本位課程

融合教育展現對多元文化的尊重與融合，包括：主流族群、少數族群、新移民、偏鄉地區，以及特殊教育需求者等。幼兒園本位課程尊重不同生態樣貌，教師可藉由生態評量找出與幼兒園所在區域之生

態相符合的教學內涵。

（八）幼兒園新興創新特色課程

1. 幼兒園創新課程之特質

隨著教育改革的風潮，近年不同教育階段的課程都有新的元素注入課程與教學的歷程中，包括：美感啟發、翻轉課程、問題解決，以及著重科技、藝術與數學跨領域結合之STEAM（Science, Technology, Engineering, Art, and Math）課程（盧美貴，2021）。美感課程透過教學與環境激發幼兒對美的感知能力；翻轉課程顛覆傳統的講述，幼兒在接受教師教導之前先行主動探索，教師從旁引導鷹架支持幼兒做更精進的學習；問題解決教學理念讓幼兒從做中學，由教學者引導其從操作或創造的過程中發現問題，並學習提出問題解決方案、蒐集相關資料，進而展現問題解決的成果並找出新的問題；STEAM也是以主動學習為精神，並加入跨領域思維的元素，即是在真實生活經驗中注入科學工藝與數學之教學。

2. 融合教育與幼兒園創新課程

融合教育理念強調全方位通用設計課程規劃，以差異化的課程設計建立正向支持的課程活動與一日作息，並尊重每個孩子的特質與個別學習需求的引導。此種創新特色課程與教學方法的應用，是結合前述幼兒園各種多元課程，並考量多元表徵、多元參與，以及多元表達的通用設計課程。教保人員對課程的理解與活用知能非常重要，設計全方位通用課程與教學，促進幼兒合作學習，並依學生需求調整執行全方位課程理念，將各種知識與技能落實於實際生活經驗中，達到遷移、類化與練習的效果。

第二節　幼兒園融合教育之差異化課程設計

以「幼兒園教保活動課程大綱」為發展性課程，依2歲至6歲幼兒發展的軌跡，在六大領域訂有學習指標。課程與教學規劃以融合教育為主，幼兒園教保服務人員依據既定的學習指標，考量班級性質與幼兒的發展學習特質，並因應當今社會的多元性，設計課程內涵與教學，且著重於多元族群的尊重與互相學習，包括：多元文化、性別平等、社經背景、年齡與能力差異等，引導幼兒認識與尊重彼此的差異性，並由做中學實踐在每日的生活與活動中。幼兒園教保服務人員依據上列課程與學習指標，在設計課程活動前，須先考量班級幼兒的發展情形，以及差異化課程調整之需求，來設計課程活動。

一、班級中的個別差異

班級中的個別差異依年齡、能力特質、家庭，以及不同文化背景之差別來說明：

（一）年齡

同一班級中的幼兒，自年頭到年尾的年齡差異性在發展上即有相當大的個別差異，而混齡班級中的年齡差異則更為明顯。課綱的分齡學習指標，提供教保服務人員作為每一個年齡層幼兒之精細動作發展的階段目標之參考。教保服務人員則須掌握不同年齡階段幼兒的發展情形，以設計符合不同年齡幼兒均可參與的教學活動。

（二）能力特質

在整體常模比較上，每位幼兒因其個別能力特質而有差異，教保服務人員可從幼兒的整體發展評估量表，以及平日的觀察上看出此等

差異，找出各年齡層上發展較快或較為遲緩者。

　　在個體內在差異上，李白在〈將進酒〉中，以「天生我材必有用」對自我能力的特質展現自信！可見，培育幼兒發展認識自我特質並適性揚才給予全方位參與及表達的彈性，為教育者的重點考量處。

　　以常見的語言發展遲緩幼兒為例，多數幼兒在生理發展、認知發展、生活自理等面向表現上，與一般幼兒相較沒有明顯落後，在日常生活指令的理解上也可理解並做簡單的回應，故父母親較不易發現該幼兒有顯著的困難或障礙，但當此幼兒進入融合幼兒園後，他們必須與同儕一同上課、應付更複雜的社會互動，諸如：聽老師說故事、理解故事內容、回答或搶答提問、理解一連串的指令與遊戲規則、與同儕在學習區討論遊戲、表達自己的想法等，在此等情境下，幼兒的語言及溝通能力就容易顯得明顯落後，進而導致其在同儕社交與自我調適上的困境。但從另一個角度來看，此等幼兒之生理、認知等其他領域多與同儕相同甚至優於同儕，教保服務人員應利用其優勢能力引導學習。由此例子可見，幼兒有其個人能力特質上的優勢與弱勢表現，而教保服務人員應充分掌握幼兒的能力特質，發現其學習困難與學習需求，調整課程設計與提供支持，在優勢能力上補強其弱勢能力，以幫助建立正向的自我效能與學習動機。

（三）家庭

　　來自家庭的因素包括：幼兒父母的教養觀念、親子關係、家庭活動、同儕互動等，都會影響幼兒在學校的適應與學習表現，是教保服務人員在觀察與分析幼兒能力與行為表現時需考量的重點之一。若因家庭因素對幼兒在校學習有明顯不好的影響時，則需思考進行親職溝通或親職教育，嚴重情節則須依法通報。例如：若教保服務人員發現幼兒為發展遲緩或其他身心障礙類別的高危險群，但家庭教養或父母尚無警覺，則需要做積極的親職溝通或提供親職教育相關資訊，並依

53

法通報。另外一種情況是，若發現幼兒來自高風險家庭，使得幼兒有教養不利或受虐的跡象，則需通報並給予關懷或必要的協助。

（四）不同文化背景

文化是人群生活與彼此互動的脈絡，影響著幼兒的家庭教養方式、親子互動、教學模式與進行的內涵，以及親師彼此的期待與溝通。教保服務人員需考量班級幼兒可能因來自不同文化背景，而有不同的學習與表達方式，且與其家長互動上也要考量家庭文化背景的差異並予以尊重，例如：移民家庭、非本國籍家庭、不同社經與職業背景家庭等。

二、課程調整與差異化支持

融合班級需透過差異化的教學設計，以保持課程、教學、教材教法，以及評量之彈性。在學前融合班級中，差異化教學可參考「幼兒園融合教育課程建構模式」（Sandal & Schwartz, 2002/2008; Sandal & Schwartz, 2008）中所整理的正向支持策略，本書於第七章將有較詳細說明各種差異化支持的策略。進行差異化教學設計的目的在於提供正向支持的學習策略與環境，不論幼兒是否具有特殊生的身分，教保服務人員都要能因應幼兒個別特質與需求，進行課程與教學的彈性調整，提供全方位通用的課程，讓不同特質與需求的幼兒都能充分參與學習，並在過程中獲得顯著的發展與進步。

三、一日作息中的差異化設計

幼兒園的課程與活動規劃環繞在幼兒的一日作息活動，教保服務人員以「時間」及「環境」為軸心，考量班級幼兒的內在與外在差異性，規劃符合幼兒從事生活與學習的各種課程與教學活動。從幼兒早

上入園到下午離開幼兒園,教保服務人員在一天當中,於不同作息活動與環境規劃下,引導幼兒從各項生活經驗中學習。在生活中實作與演練,教導幼兒成為健康、自主與自律的個體。

（一）例行性活動

入園時的物品擺放、簽到、彼此問候、等待等。

（二）課程準備

收拾、排隊、拿取與使用個人物品（如:水壺、清潔用具、室內拖鞋等）。

（三）配合課程活動的能力

團體溝通互動、物件或工具操作使用、輪流、比賽、示範、演練活動、單獨或小組遊戲等。

（四）生活自理

用餐時間的準備、整理、進食、收拾等生活技能。

（五）重要生活知識

貫穿全日作息的重要生活知識（如:清潔與健康知識、尊重與接納的態度、生活經驗連結的嘗試等）與技能（如:上廁所、洗手、喝水、穿脫衣褲等）之生活自我照顧,同儕間的溝通與合宜的社會互動等。

四、人類多樣性與內在差異化之尊重

融合幼兒園中,差異化的課程規劃,以來自外在或個體內在的差異行為為考量,給予調整與規劃。

（一）來自外在差異之考量與尊重

外在差異部分，幼兒個體間因來自不同文化、家庭、社經背景，而有特定的思想方式與生活習慣，因而有著不同的作息方式與禮節習俗。教保服務人員尊重諸等外在差異，基於人類多樣性與差異化之事實，引導幼兒相互尊重與欣賞。

（二）來自內在差異之考量與尊重

內在差異部分，則透過課程調整，對不同內在差異之需求給予差異化支持。

1. 尊重少數家庭的宗教信仰、飲食習慣、教養觀念等。

2. 尊重個體內在差異，教保服務人員因應幼兒性別、能力、或年齡的差異，給予彈性的調整或支持。

(1) 較年幼幼兒需要文字配合圖示的流程提示，可遵守班級常規規範。

(2) 常分心的幼兒，需要更密集的聲音或視覺提醒，或以清楚的口頭說明社會情境狀況與需要做到的事項等。

(3) 有些坐不住或情緒不穩定的幼兒，可調整到靠近教保服務人員的座位，以便隨時給予肢體協助。

(4) 轉銜時間較難適應的幼兒，可事先提醒收拾或容許較長的轉銜時間。

(5) 精細動作較差、動作慢的幼兒，則彈性給予較長的點心或收拾時間。

(6) 至於各類發展遲緩或身心障礙幼兒，則需要將其個別教育計畫所訂定的目標，在不同作息活動中不斷的練習與修正，透過老師直接或間接地引導，建立融入社會團體所需要的技能。

五、教學評量

教學評量的目的在於瞭解幼兒的發展或學習表現，評量分為標準化與非標準化兩類。

（一）標準化評量

標準化評量乃指具有既定的評量與評分方式的評量工具，包括：幼兒發展檢核表、語言評量量表、社會技能量表等，可由教保服務人員或家長，依幼兒目前的年齡，根據評量項目與歷程對幼兒進行檢核。例如：各縣市教育局（處）之兒童發展檢核表，依照幼兒發展歷程，讓填表者或主要照顧者瞭解幼兒在各領域發展情形，或由受過心理評量培訓課程或研習的心理評量人員為幼兒進行正式施測。

1. 標準化評量的目的

標準化評量的目的是要瞭解幼兒在該項能力檢核或測驗的得分，根據其得分在常模上的比較，瞭解幼兒的整體認知發展或特定領域（如：語言、社會等）的表現情形。在特殊需求幼兒之早期療育轉銜資料或送鑑輔會的鑑定報告中，常見的整體認知發展的評量工具諸如「魏氏幼兒智力量表（第四版）中文版（Wechsler Preschool and Primary Scale of Intelligence, 4th ed., WPPSI-IV）」（陳心怡、陳榮華，2013），教保服務人員可依據資料中的百分等級分數，瞭解該幼兒各項領域發展與一般幼兒對照後的表現，並作為該幼兒內在差異與優弱勢表現的判別參考。也有的測驗可測量幼兒特定能力的發展情形，例如：修訂學前兒童語言障礙評量表（林寶貴、黃玉枝、黃桂君、宣崇慧，2008），可測量學前幼兒語言理解及語言表達等各語言能力的發展情形；「嬰幼兒社會適應發展量表」（蔡昆瀛，2019）或「學前兒童社會行為評量系統」（蔡明富、吳裕益，2014）可評定幼兒社會適應的發展情形。

2. 標準化評量的使用與判讀

多數標準化測驗其施測者具有該測驗使用的相關許可，諸如：證照或研習。因此，教保服務人員須經過心評人員的訓練後，可成為協助鑑定評量之心評教師。若教保服務人員曾受過相關鑑定評量的研習或訓練，對於幼兒的標準化評量資料若有不理解的部分，可向資深老師、巡迴輔導教師或專業團隊成員諮詢討論。

（二）非標準化評量

非標準化評量則是未具有標準化的評量施測程序，也沒有可對照的常模，評量的結果主要用於以量化或質性的方式，記錄幼兒對教學的反應。

1. 觀察

包括幼兒的學習歷程與學習成果。例如：常見的自編教學或行為觀察表，教保服務人員以計次的方式測量幼兒能力或行為的表現頻率、強度、快慢、維持時間等；亦可以質性描述幼兒在不同情境中，特定能力或行為表現的樣貌（如記錄幼兒的語言表達、社會互動、遊戲、生活自理等）。

2. 晤談

若教保服務人員想要瞭解幼兒在幼兒園以外的各種能力表現，如與家人的語言溝通、社會互動、生活自理等能力表現，透過與家長晤談的方式，記錄整理形成晤談資料，亦可作為非標準化評量的資料。上述資料，有助於教保服務人員瞭解幼兒的學習歷程與內容，以及在不同情境中，各種能力發展與應用的情形。

3. 學習檔案資料

幼兒園教師將幼兒學習表現歷程記錄與編輯成學習檔案，作為瞭解幼兒發展與學習的參照依據。例如：幼兒實作的成品、實作過程的照片、影音資料等。

六、差異化支持策略的課程設計重點與舉例說明

（一）差異化支持策略的設計重點

　　幼兒園融合教育中，教保服務人員以「幼兒園教保活動課程大綱」為依歸，並進行差異化需求評估與支持策略之課程調整與教學設計，進一步做個別化需求的考量。差異化的課程設計，是指教保服務人員依據幼兒的年齡、能力、家庭背景、發展遲緩或身心障礙等情況與需求，在幼兒園融合教育的課程建構模式下，進行課程調整，給予差異化的支持或運用教學策略引導幼兒充分投入學習。教學設計時，考量班級混齡或融合班等不同類型的班級，依學生特質與需求進行差異化課程設計與多元評量。

　　對特殊需求的幼兒，則透過專業整合來結合特教資源。多元評量，乃指教保服務人員在不同情境中進行質量兼顧的評量資料，依據幼兒對教學與教保服務的反應需求（例如：「學習適應良好」或「需要更多的提示或引導」等），設計多元的教學呈現方式、進行方式與評量方式，透過專業合作以滿足幼兒特殊需求。如表4-1，以課程指標「身1-2 模仿各種用具的操作」為例，幼兒在模仿各種用具操作的發展與學習中，學齡前2歲至6歲各年齡層發展階段上的學習目標，依次可包含：抓、握、扭轉、揉、捏，以及手眼協調等精細動作。教保服務人員可考量班級內在差異，進行差異化支持策略之課程設計與多元評量。

表4-1
依據課程目標與學習指標進行差異化支持策略的教學設計與評量重點

課程目標	學習指標	班級內在差異	差異化課程設計與個別化教學策略	多元評量
身1-2 模仿各種用具的操作	2-3歲「身-幼-1-2-2 模仿抓、握的精細動作」3-4歲「身-小-1-2-2 模仿抓、握、扭轉的精細動作」4-5歲「身-中-1-2-2 模仿抓、握、扭轉、揉、捏的精細動作」5-6歲「身-大-1-2-2 察覺手眼協調的精細動作」	1. 混齡班：教保服務人員需掌握不同年齡階段幼兒的發展情形。2. 融合班級：教保服務人員評估不同能力水準表現、幼兒動作發展與手眼協調的情形、考量家庭支持與可能的文化差異對幼兒精細動作發展的可能關係。	1. 教保服務人員課程調整、諮詢相關專業人員，進行專業合作支持。2. 不同年齡層與發展能力的幼兒，在融合教育的情境中獲得學習的支持與充分的練習。	1. 在不同情境與活動下，觀察幼兒模仿、抓、握、扭轉與精細動作等表現。2. 進而根據幼兒的表現，設計讓幼兒能夠融入參與的方式（例如：給予多元材料或輔具支持）。

（二）差異化支持策略之課程與教學設計舉例說明

在小、中、大混齡之融合班級中，教保服務人員欲提升班級幼兒之各種工具的操作使用能力，但班級中幼兒的工具操作與使用能力因年齡與發展不同，而有顯著的差異，其差異從小班、中班到大班，以及發展遲緩幼兒不等。教保服務人員參考課程目標之學習指標，瞭解2歲至6歲幼兒運用手部精細動作的能力發展階段（如表4-1），進而以此為目標設計穿插一個教學小活動於其主題活動中。說明如下：

1. **活動名稱**：水壺大攻略

2. **學習指標對照不同年齡與能力**
   • 課程目標：身1-2 模仿各種用具的操作
   認2-3 整理文化產物訊息間的關係

因應年齡、能力差異，訂定學習指標：

(1) 小班：「身-小-1-2-2 模仿抓、握、扭轉的精細動作」

　　　　　「認-小-2-3-2 比較生活物件特徵間的異同」

(2) 中班：「身-中-1-2-2 模仿抓、握、扭轉、揉、捏的精細動作」

　　　　　「認-中-2-3-2 與他人討論生活物件特徵間的關係」

(3) 大班：「身-大-1-2-2 察覺手眼協調的精細動作」

　　　　　「認-大-2-3-3 與他人討論生活物件與生活的關係」

(4) 發展遲緩幼兒目前為6歲大班階段，有定期接受早期療育並有巡迴
　　輔導之職能治療師個別復健課程，個別課程內容主要訓練其手眼
　　協調在生活功能中的穩定性，如：自行喝水、洗手步驟等。

• 長期目標：身1-2 模仿各種用具的操作

　　　　　　認2-3 整理文化產物訊息間的關係

• 短期目標：在各種生活自理的情境中，諸如：喝水、進食、洗手
　　　　　　步驟、上廁所、穿脫衣服、穿脫鞋子、收拾教材教具、
　　　　　　收拾生活用具等，在使用輔具或他人的協助下，模仿、
　　　　　　覺察並進行各種需手眼協調的精細活動。

3. **活動設計**：融合班教師設計以下活動流程

(1) 先請幼兒3人一組，討論並分享自己水壺的「外觀」、「樣式」、
　　「高度」、「容量」，以及使用方式中的「如何喝水」及「如何
　　到飲水機裝水」。

(2) 彼此演練介紹水壺使用方式的流程，示範各自水壺使用的功能，
　　例如：如何轉開壺蓋、如何按壓開關、如何扶好水壺去飲水機裝
　　水等。

(3) 每位幼兒向全班分享一次，每個人水壺使用的流程。

(4) 全班討論：進行歸類水壺功能，並票選最方便使用的水壺。各組
　　依照老師事先準備的討論提綱進行，討論提綱的內容為引導幼兒
　　依照提綱進行水壺的相關比較，以及進行比較的方法。例如：觀

察每個人的水壺形狀、水壺的高矮胖瘦與重量或容量比較、不同喝水方式的示範比較、打開與關閉蓋子的使用方法示範比較、到飲水機裝水方法的示範比較。

(5) 發給每一組一個固定的容器，引導幼兒以該容器為單位，比較誰的水壺容量最大？

4. 差異化支持策略之課程與教學設計

(1) 以異質分組的方式，每一組有不同年齡的幼兒。

(2) 老師事先準備好每一組的討論提綱，有些組別幼兒需要事先準備好圖表順序，以引導討論順序、每一項討論的提問句提示、或直接安排成人協助等。

(3) 建立示範與模仿的機會：設定每組及全班討論順序。討論時，讓年紀大的或能力好的幼兒先進行示範與說明。如此，可提供年紀小或發展較遲緩的幼兒有示範與模仿的機會。

5. 個別化教學策略

(1) 輔具使用：發展遲緩幼兒的手部精細動作發展較慢，治療師建議使用具有輔助功能的水壺，其輔助功能包括：有易於扶穩的握把、吸管按壓與收回的特殊裝置。

(2) 分享介紹的機會：教師以口語鷹架、照片流程或影片等方式，引導發展遲緩幼兒向同學說明他的輔具水壺外觀與功能。

6. 多元評量

(1) 教保服務人員在幼兒分組活動、團體報告，以及一日作息中使用水壺的情境中進行評量，觀察並記錄幼兒在使用水壺時的各項精細動作發展情形。

(2) 整體幼兒透過定期教學討論，依據其學習指標上應有的發展表現，討論每一位幼兒是否有在學習指標指引上，展現出預期應有的發展表現。

(3) 少數年幼或發展較慢的幼兒，評估其在給予特定指引與支持後

（本範例爲「同儕示範」），是否能充分參與並有預期的發展表現？

(4) 發展遲緩之特殊學習需求幼兒，其在「同儕示範」及治療師的輔具使用建議下，是否能逐步達到其個別化教育計畫中的長、短期目標？

第三節 幼教課程與十二年國民基本教育課程之銜接

一、「幼兒園教保活動課程大綱」與「十二年國民基本教育課程綱要」之銜接

教育部於2014年頒布「十二年國民基本教育課程綱要」（教育部，2014），其基本理念與課程目標更趨近幼兒教育課程的精神，包括：啟發學習潛能、陶養生活知能、促進生涯發展，以及涵育公民責任，朝向以學生爲本的發展方向。因此，幼兒園教保活動課程大綱之精神能與十二年國民基本教育課程銜接。幼兒升上國民小學後，接受十二年國民基本教育，其核心素養爲「自主行動」、「溝通互動」與「社會參與」，與幼兒園教保活動課程之六大核心素養方向一致。從學前到國小階段，透過幼小銜接，能讓幼兒進入國小後順利適應，繼而建立自發、互動、共好的學習力，奠定實踐終身學習者的培育目標。

二、幼兒園教保活動課程大綱與特殊需求課程相輔相成

針對特殊需求學生的個別性，教育部亦頒布「身心障礙相關之特殊需求領域課程綱要」（教育部，2019）。此特殊需求課程綱要是針對十二年國民基本教育的核心素養而修訂，規劃出不同類別需求之

特殊學習重點，包括：生活管理、社會技巧、學習策略、職業教育、溝通訓練、點字、定向行動、功能性動作訓練，以及輔助科技應用等。雖然此套特殊需求課程含括特殊需求學生在學校情境中的各種學習重點，但其規劃主要以十二年國教學齡階段的學生為主，未針對學前階段幼兒訂定核心素養的具體內涵。

　　雖然如此，此課程中絕大多數的學習重點，例如：生活自理、社會溝通與情緒管理，以及專屬於視覺障礙學生所需要外加的點字與定向行動等學習重點，均是在幼兒園階段就應提早介入的。特殊教育巡迴輔導教師或相關專業人員亦可參考此課程學習重點中的內涵，配合學前教育情境與學前幼兒的發展情況，作為課程與教學設計之參考。融合班級之教保服務人員若須參考此套課程協助特殊學生時，可經過專業團隊討論在個別化教育計畫擬定、進行與評量的過程中，與特殊需求教師或相關專業人員合作執行，進而將特殊課程所訓練的技巧，嵌入於融合教育的一日作息與課程活動之不同情境中。

幼兒園融合教育之
多層次課程建構

CHAPTER 5

　　依據《特殊教育法》，特殊教育與相關服務措施之提供及設施之設置，應符合融合教育之目標，並納入適性化、個別化、通用設計、合理調整、社區化、無障礙及可及性之精神（特殊教育法，2023），此即本書第二篇所聚焦之全方位通用設計、因應差異化的課程調整，並兼顧個別化精神之三大重點。融合教育環境下，為設計通用課程並保有課程與教學執行的彈性，同時兼顧個別化需求，需規劃多層次的支持系統，諸如：幼兒園融合教育課程建構模式指出，幼兒園融合教育的課程至少應包含：優質化、差異化、嵌入式及個別化四個課程建構內涵（building blocks）（Sandall & Schwartz, 2008; Sandall & Schwartz, 2002/2008），以及其後續延伸的幼兒園成功學習精進（Children's School Success Plus）課程架構，並融入通用設計課程概念，將融合教育課程分為「全方位學習」、「差異化」，以及「個別化」三個層次（Horn et al., 2016/2020）。本章介紹上述兩種多層次課程架構，並統整說明全方位通用設計之多層次課程建構，以及融合班級課程與班級規劃重點。

🙂 第一節　多層次幼兒園融合教育課程

一、幼兒園融合教育的課程建構模式

　　幼兒園融合教育課程建構模式依其建構內涵（building blocks），分為「優質幼兒教育方案」（High-quality early childhood program）、「課程調整」（Curriculum modifications and adaptations）、「嵌入式學習機會」（Embedded learning opportunities），以及「明確的個別化教學策略」（Explicit, child-focused instructional strategies）四個層次（Sandall & Schwartz, 2008; Sandall & Schwartz, 2002/2008），說明如下：

（一）優質幼兒教育方案

優質的幼兒教育是指融合班級中，教師規劃優質的課程與教學設計、合宜的學習環境規劃、合理的班級經營與有效親師互動，以及教師的專業成長與支持系統的建立。

1. 設計符合幼兒發展（developmentally appropriate ）的課程設計

我國目前各類型幼兒園主要依照「幼兒園教保活動課程大綱」（教育部，2016）來設計課程與教學活動，教師掌握該課綱精神與主旨，對照幼、小、中、大階段幼兒在各領域的學習發展，設計符合幼兒發展的課程設計，並在教學過程中，根據幼兒發展與學習需求，給予適當的鷹架與引導。

2. 全方位通用設計課程

優質的課程與教學設計的重要指標為全方位通用課程的規劃與設計，在課程與教學的設計上，兼顧「多元參與」、「多元表徵」，以及「多元展現及表達」三個面向。教保服務人員在教學與課程的規劃中，以幼兒為中心，善用教學原理與教學策略，設計多元的優質課程活動，使每一位幼兒都在課程中獲得有效率的學習與進步。全方位通用設計課程規劃，將進一步說明於第六章。

3. 持續評量幼兒對教學的反應

在評量方面，利用課程中的幼兒行為觀察記錄、教師課後教學省思、與教保服務人員間的觀察和教學討論，以及幼兒表現作品等資料，評量學生是否有達到適合其年齡發展的學習指標。

（二）課程調整

在優質課程脈絡下，仍有少數幼兒因內在或外在的差異性，教保服務人員須做課程調整，給予差異化介入與支持。差異化的課程調整，將於本書第七章做進一步說明。

1. 差異化支持的種類

課程調整建立在教保服務人員教學的方法與心法上，經由巧思與專業，將課程與教學透過彈性的調整，以滿足融合情境中幼兒的不同學習需求。Sandall與Schwartz（2002/2008, 2008）提出八種課程調整的類型，提供差異化的支持，包括：環境支持、素材調整、活動簡化、幼兒喜好的運用、特殊器材的運用、成人支持、同儕支持、隱性支持等，在此八種課程調整類型下，若幼兒某些課程情境參與有困難，則思考可做的因應與調整。教保服務人員可採取其建議作法，運用在幼兒園融合教育現場，進而教保服務人員亦可在現場中進行行動研究，建構適合國內融合法規與情境需求的差異化課程調整之歷程記錄。

2. 差異化支持的設計

教保服務人員在教學現場中運用上述課程調整策略，來滿足幼兒差異化的需求。其目標是以幼兒為中心，配合幼兒的需求調整課程與教學，並提供幼兒在學習上的支持，使幼兒在課程活動中積極參與、投入與學習，並讓幼兒保持最佳的進步狀態。例如：若班級中年紀較小或疑似發展遲緩的幼兒，在語文學習區翻閱繪本時，因手部精細動作發展尚未完全成熟，而在翻頁動作上有困難時，教保服務人員可將泡棉膠帶黏在繪本每一頁的邊緣，讓每一頁之間存在空隙，使得翻頁更為順暢（Sandall & Schwartz, 2008）。此乃藉由素材調整的支持，使幼兒可克服精細動作上翻頁的困難，增加閱讀的順暢性。國內幼兒正式學習識字或注音符號的年齡為小學一年級，故較年幼幼兒可獨立閱讀的機會比較低，使得成人或同儕的支持或多感官繪本的需求較高，幼兒進行讀寫活動時，需特別考量成人或同儕支持，在幼兒閱讀繪本時，同時提供口語理解的支持，增加幼兒繪本閱讀的動機興趣與理解程度。

（三）嵌入式學習機會

嵌入式學習機會是指，將幼兒個別化教育計畫中的重要學習目標技能，嵌入於融合教育的課程教學與一日作息的情境中，讓該學習技能得以在課程學習與日常生活中逐步建立與熟練。

（四）明確的個別化教學策略

經鑑輔會鑑定有特殊教育需求的幼兒，為了讓此等幼兒適應融合班級中各種情境之學習，與增加一日作息的獨立性，須經過專業團隊彼此間的諮詢合作，根據幼兒學習與適應需求，擬定個別化教育計畫並同時訂定長短期學習目標。

教保服務人員將幼兒在個別化教育計畫的長短期目標中所建立的技能，並掌握嵌入式學習機會之精神，將目標能力的學習與評量，規劃於融合教育之不同情境中，創造類化與多次練習的機會。詳細說明於本書第八章。

二、幼兒園成功學習精進課程架構

幼兒園成功學習精進課程架構，也是課程多層次支持系統脈絡下的課程與教學設計模式（Horn et al., 2016/2020）。

（一）課程領域內涵

幼兒園成功學習精進課程架構的課程，強調「具挑戰性的課程內容」。所謂具有挑戰性的課程內容是指讀寫、數學與科學、社會情緒能力及藝術等領域，著重幼兒在此等領域學習至國小學習的奠基與銜接。因此教學者須評估幼兒能力發展現況，根據發展的順序，規劃其後續學習的內容。

在幼兒園融合教育脈絡中，「具挑戰性的課程內容」應指每一位

幼兒在符合其學習指標的能力內涵上，建立各領域與分齡能力和技巧，進而順利轉銜至國小階段的學習。在順利轉銜上，尤其應關注幼兒閱讀與數學等基本認知能力的精熟與理解。

（二）課程層次

幼兒園成功學習精進課程架構以三個不同的層級呈現，分別為：全方位學習、差異化，以及個別化。此三個層級並非分立，而是並立包容的，亦即：全方位包含差異化及個別化兩個層級的課程實踐；差異化課程則亦包含個別化之課程實踐。

1. 全方位通用設計課程

全方位通用設計課程主要建構在優質的課程設計上，對象是融合班全體幼兒。課程設計以本書第六章全方位通用設計課程之精神為原則，設計多元表徵、多元參與，以及多元表達的學習脈絡，讓多數幼兒達到最大參與及學習的目標。

2. 差異化課程調整

在全方位通用設計課程之脈絡下，發現部分幼兒需要不同的學習支持，則提供差異化的課程設計與調整，諸如Sandall與Schwartz（2008）所提出八種課程調整的類型，均可適時作為差異化課程與教學設計的參考，解決部分幼兒適應與學習上的困難，讓更多幼兒達到最大參與及學習的目標。

3. 個別化增能指導

在全方位課程建構與差異化支持的脈絡下，仍有少數幼兒，需要建立融合班級中基本的適應與學習的技巧，才能達到最大參與及學習的目標。發展遲緩幼兒常因發展遲緩或身心障礙，造成缺乏基本的適應與學習技能，難以應付融合班級中的學習與一日作息，諸如：基本的語言、溝通、社會、情緒、大小肌肉的動作掌握與協調，以及生活自我照顧等能力。此等能力在我國幼兒園教保活動課程大綱中，有2

歲至6歲幼兒之各領域能力目標，提供教保服務人員參照。若少數幼兒之適應與學習技能和同儕幼兒相較落後太多，該幼兒則會因跟不上整體課程活動，而有分心、發呆、離開課堂位置、拒絕參與活動，甚至發生鬧情緒或與其他幼兒起爭執等問題。

　　個別化增能指導層級，即是針對此類幼兒的需要，以融合班的適應與學習所需要的技能為評估參照，擬定個別化教育計畫，訂定學習目標進行個別化的指導。若此等特定的學習技巧需要由特殊教育或相關專業人員的介入，教保服務人員須與相關專業人員透過專業團隊人員間的相互諮詢與討論，安排最適宜的介入形式，讓幼兒在其需要的技能上，有持續的進步軌跡。此等技能建立的最終目標，是要能用來適應於融合班的學習與一日作息中，故須在融合教育脈絡的不同情境下，建立嵌入式學習機會。教保服務人員或專業團隊成員，定期在幼兒園不同情境中進行行為觀察與評量，在積極引導與支持下，促進特殊需求幼兒的最大參與及學習空間，包括：能與同儕正向互動、積極參與課程與一日作息，並對照課程學習指標的指引有持續的進步表現。

（三）幼兒園成功學習精進課程架構的重點

　　幼兒園成功學習精進課程架構的重點，包括：須依照所訂定的五個步驟進行課程規劃、以建立幼兒園成功學習的技能為主要目標、持續評量幼兒學習情形並省思修正教學、專業團隊合作、與親師合作。

1. 課程規劃

　　教保服務人員須依照課程發展教學活動設計的原理，進行課程規劃。（Horn et al., 2016/2020）

2. 建立幼兒園成功學習的技能為主要目標

　　本課程的學習領域，包括：語言和讀寫、數學、科學、社會—情緒能力，以及藝術。領域範圍與我國幼兒園教保活動課程大綱六大領

71

域有部分重疊，但不含身體動作與健康，而是以學校學習成功的重要技能為主。

3. 持續評量幼兒學習情形並省思修正教學

學習評量是幫助吾人瞭解幼兒的學習狀況的主要參考依據。幼兒園成功學習精進課程更強調教學歷程中的資料蒐集，以持續監測（monitor）幼兒學習中的種種反應，用以評估幼兒的進步情形及檢討吾人教學調整或修正的依據。

4. 專業團隊合作

專業團隊的概念源起於統整特殊教育及相關專業團隊與學校的支持系統，集合各專業以幫助特殊教育需求學生建立特定學習技能。專業團隊的落實，建立在相關立法的基礎上，如我國特殊教育法規的母法與子法，均有訂定完整的專業團隊合作的相關規範（特殊教育法，2023）。

在融合教育的脈絡下，專業團隊合作還包括：統整教室中多元文化、多元語言、或多元服務等不同專業團隊的需求。例如：母語非華語的幼兒需要以華語為第二語言的教學支持；幼兒來自非主流文化的國家或種族，教保服務人員需要先有跨文化的交流與理解；學校的在地文化性質特殊，教保服務人員的課程設計需要有在地人士支持等。

5. 親師合作

教保服務人員建立良好的親師合作關係，從理解家庭狀況來瞭解家庭的支持與溝通方式，才能順利地將學校教育延伸到家庭中，進而結合家庭的資源於學校課程活動中。在執行的過程，會遇到多樣的挑戰，因此，教保服務人員亦須具備充分的家庭文化理解、家庭評估、溝通、家長增能，以及各種面向的因應策略之知能。

第二節　幼兒園融合教育多層次支持之課程建構

　　幼兒園融合教育多層次支持之課程建構（圖5-1），乃是在「幼兒園融合教育課程建構模式」的課程架構基礎上，注入全方位學習設計概念、差異化教學策略的應用，以及個別化精神落實三大元素，能關注到所有幼兒的學習與需求，符合以幼兒為中心的課綱精神。圖5-1中間的多層次課程建構示意圖引自Sandall與Schwartz（2008）的「幼兒園融合教育課程建構模式」，教學者依「優質幼兒教育方案」、「課程調整」、「嵌入式學習機會」、「明確的個別化教學策略」四個層次規劃課程，因應融合教育下幼兒的個別需求，在適當的時機進行課程調整，或安排幼兒嵌入式學習機會給予幼兒學習支持。

圖5-1

幼兒園融合教育多層次支持之課程建構

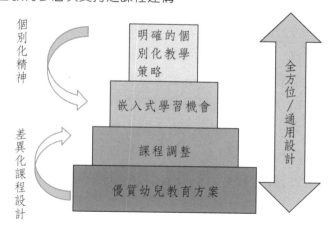

一、多層次課程下的全方位／通用的課程設計

　　全方位／通用的課程設計概念與內涵，主要在多層次課程建構的第一層架構下。全方位／通用課程與教學的概念，可指引教保服務

人員設計教學活動時，兼顧多元參與、多元表徵，以及多元表達的原則。因此，此課程設計的精神應落實於每一個融合課程建構的模式中。

二、差異化教學與課程調整

差異化課程設計的精神，主要落實在融合課程建構的課程調整層級中。教保服務人員在確保整體課程與教學設計符合幼兒發展，且在適時適切的情境下，給予幼兒鷹架引導。進而，審視幼兒對教學的反應，對照課程設計時，在各領域所訂的學習指標，評估幼兒是否已達到該有的發展水準？若幼兒在特定指標無法達到既定的學習指標發展水準，則思考給予差異化的支持，進行課程調整。

三、注重個別化精神與嵌入融合環境擴展學習機會

融合班級中更少數的幼兒，因為發展遲緩或身心障礙，在身體動作、認知、社會、情緒、語言溝通，以及生活自理等各方面均可能有遲緩或異常的情形，而影響其在融合班級中的各種課程與一日作息。此等幼兒需要特殊教育或相關專業服務的介入，對其遲緩或異常的特定能力加強指導，再藉由融合班級的課程與活動設計，將這些加強指導的技能放進課程活動與一日作息中，提供其練習與類化的機會。在執行上有兩個依循的重點：其一為以專業團隊合作的方式進行，其二為與個別化教育計畫的目標一致。

（一）專業團隊合作嵌入式學習機會

融合班級中的課程設計，教保服務人員依循幼兒園教保活動課程大綱的規劃設計課程，以身體動作領域課程指標並搭配其他領域相關指標，設計全班性的活動性課程。而特殊教育與相關專業團隊人員，

包括：學前特殊教育老師、物理治療師、職能治療師，以及語言治療師等，並不一定長期駐點在融合幼兒園提供服務，也可能沒有機會參與融合幼兒園中的一般課程綱要說明與課程設計，故導致幼兒園融合班教師與相關專業團隊成員的活動課程設計有認知上的盲點。一方面，融合班教師即便發現少數幼兒在班級活動中有嚴重的落後與困難，但融合班教師並不一定能瞭解幼兒在生理及醫學上的問題與特殊教育需求；另一方面，相關專業團隊人員雖然能夠透過評估與觀察資料判讀幼兒的生理問題與學習需求，但卻不瞭解該幼兒將融入的幼兒園課程情境、活動與學習目標，也不易瞭解幼兒的家庭親職狀況、教養觀念與生活自理能力等。

　　基於以上困難，教保服務人員應與相關專業團隊保持良好的溝通管道，在此溝通平臺上，建立相互諮詢的互動關係。教保服務人員針對特殊教育需求，以及幼兒的觀察資料，清楚的呈現在融合幼兒園中參與一日作息與課程活動以及發展現況；相關專業人員則根據幼兒的標準化評量資料，與幼兒身心障礙的狀況與影響，向教保服務人員提出相關專業建議，包括：相關復健、特殊教育、無障礙環境規劃與輔具使用等。

（二）明確的個別化教學策略

　　個別化精神主要是針對在融合教育多層次支持之課程調整層級中，若幼兒在差異化課程調整中經各種支持輔導，仍無法在教學中有適切的學習以達到既定的學習目標時，則經由教師轉介各縣（市）教育局（處）鑑輔會接受特殊需求教育評量，將特殊教育及相關專業資源導入融合教育課程建構中，給予明確的個別需求導向的教學介入。明確的個別化教學主要目標為幫助幼兒增加適應融合班學習所需要的特定學習技巧（如：溝通、社會技巧、讀寫、或生活自理），或減少干擾學習之情緒或行為。課程與教學執行的脈絡，須以特殊需求幼兒

的個別化教育計畫為主，由教保服務人員與巡迴輔導特教老師或相關專業治療師互相諮詢合作，評估幼兒的學習需求、訂定長短期教育目標，並經由正式或非正式評量，檢測特殊需求幼兒是否逐步達到長短期目標。

四、融合幼兒園多層次課程架構下的課程發展順序

在融合幼兒園多層次課程架構下，教保服務人員須事先評估幼兒的發展歷程，考量課程範圍與順序，再思考課程與教學的規劃與設計。如圖5-2，課程與教學活動的課程發展順序如下：

圖5-2
融合幼兒園多層次課程架構之課程發展順序

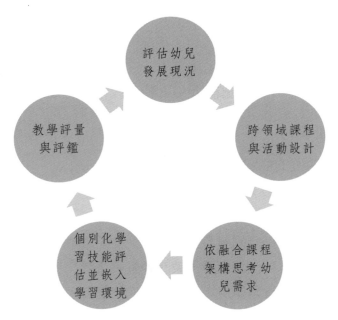

（一）參照課程大綱評估幼兒的發展與學習現況和少數幼兒學習需求

在教學活動設計前，教保服務人員可參照幼兒園教保活動課程大綱（教育部，2016）的課程目標與學習指標，或是幼兒發展評估量表與平日的觀察記錄，瞭解幼兒目前的發展現況。進而根據幼兒發展現況，選擇適合的學習指標，作為課程規劃與教學活動設計時的參照。教學活動設計應根據幼兒的能力現況與需求，掌握全方位通用設計課程的原則，提供多元參與的管道、教學歷程有多元表徵的設計，並讓幼兒在課程活動中有多元表達的機會。

對於特殊學習需求幼兒，可根據不同需求幼兒的現況評估，思考教學活動的學習指標。

（二）跨領域課程與活動設計

教保服務人員設計教學活動時，課程規劃邏輯須依照發展順序，提供適合幼兒發展階段難度適中的課程內容。要考慮幼兒跨不同領域的能力，進行環境引導與教學活動規劃，以全方位通用設計課程的概念，給予適切的鷹架引導。活動內容以幼兒需求為核心，考慮幼兒生活經驗與先備知識，並藉由多元參與及多元表徵的課程活動與內涵，讓幼兒在活動中能夠多元探索，進而從多元感官教材教具中獲得啟發與學習。此外，尊重幼兒在課程中的多元表達，鼓勵幼兒展現自己的想法並在課程互動中充分參與互動。同時，教保服務人員從課程歷程中，進行行為觀察與記錄，並蒐集到充分的行為觀察資料，以進行評量並瞭解幼兒的學習與發展情況。

（三）依融合教育課程架構層次思考幼兒需求與因應

在一般融合課程進行中，有部分幼兒需要在課程調整下，提供差異化支持才能參與課程活動，並有合理的學習與進步表現。課程調整

的時機與地點融入於整體課程的進行脈絡中，如教學環境軟硬體設備的提供或教學策略的應用。教保服務人員可視幼兒的需要，參考San-dall與Schwartz（2008）所彙整的八種支持策略，融入課程設計中。因此，在課程的進行中，每位幼兒接受哪一種支持策略、獲得多少程度的支持，都是視該幼兒的需求而定，故此階段亦屬於課程調整歷程的差異化教學設計。

（四）個別化學習技能評估並嵌入學習環境

依據特殊需求幼兒個別化教育計畫中的需求評估，找出參與課程活動並達到有效學習所需要的特定學習技能，進行個別化的指導及訓練。此等技巧可參考幼兒個別化教育計畫的長短期目標，或從幼兒園課程與一日作息的各種情境中訂定。例如：為了促進幼兒參與體能活動、生活自理、美感創造、戲劇表演等，需建立哪些精細或粗大的動作技巧？為了讓幼兒融入教學活動，與其他同儕溝通合作並建立良好的社交與互動關係，須建立哪些社會互動技巧？為了讓幼兒參與團體、小組或個別討論，須特別指導哪些說話與溝通技能等？

此等技能須明確列出，並與特殊教育相關專業團隊成員形成合作平臺，特別是針對個別幼兒做教導與訓練，同時，也可將此等技巧嵌入融合幼兒園的不同情境中，幫助幼兒將特定技巧類化至日常課程與生活情境中。

（五）教學評量與評鑑

課程與教學執行後，教保服務人員進行教學省思與行為觀察記錄，瞭解幼兒的學習反應，蒐集幼兒學習資料，檢討教學效能與學習效果，此亦為幼兒園融合教育的主要評量方式。評量與評鑑結果，可回饋於下一次瞭解幼兒發展現況之課程與教學設計的依據。

幼兒園融合教育全方位
通用設計課程規劃
CHAPTER 6

　　「全方位通用學習設計」的英文原名為Universal Design for Learning，簡稱UDL。顧名思義，它是全方位規劃以使課程與教學設計可通用於所有學生的教學規劃取向。全方位支持之概念源起於1984年，由「特殊科技應用中心（Center for Applied Special Technology，簡稱CAST）」成立並推廣於教育。全方位課程教育的主要目的是讓教育管道傳遞暢通無礙，藉由尊重個別差異，給予學習者多元機會獲得學習並展現創意（Center for Applied Special Technology [CAST], 2023a）。多元機會可由多元參與（multiple means of engagement）、多元表徵（multiple means of representation），以及多元展現（multiple means of action and expression）來提供全方位課程與教學設計（Center for Applied Special Technology, 2023b）。三個多元管道的落實層面，包括：增加可及性（access）、學習建構（build），以及學習內化（internalize）。

第一節　多元參與

　　多元參與主旨是要讓幼兒於所在的學習環境中，能透過適合的管道參與班級各種活動，例如：個人形式或同儕互動等。教保服務人員在課程中要擴大與開放幼兒學習的彈性，運用策略引導幼兒以不同形式來學習。

一、擴大心理與物理上的可及性促進多元參與

　　擴大可及性是指，教保服務人員經由教具管理、班級經營與教學規劃，能讓每一位幼兒都能參與學習活動，也能使用到各種教材教具。要提高每位幼兒學習的可及性，教師可運用班級經營並在教學設計上引導幼兒進行有意義的學習。

（一）正向的班級經營

正向的班級經營，使班級每位幼兒參與課程與活動時，心理無礙。教保服務人員班級經營的首要工作，即是營造正向的學習與支持的氛圍。作法上有以下建議：

1. 訂定清楚可行的班級規範。
2. 多使用鼓勵的語言。
3. 透過立即的增強引導支持好的行為。
4. 規劃系統又具有彈性的作息。
5. 鼓勵同儕之間建立互惠的利社會行為。

（二）有意義的學習內容

有意義的學習活動與內容，可提高學習興趣，幫助幼兒投入課程學習，教保服務人員設計教學活動，讓幼兒願意自主融入，使課程活動具有以下特徵：

1. 難度適切符合幼兒發展程度。
2. 幼兒有參與活動、教材的選擇權。
3. 幼兒會感到有興趣。
4. 與生活經驗連結。
5. 可回應幼兒所處的文化社會及風俗習慣。
6. 啟動幼兒主動學習與思考，並從中激發想像與創意。

二、建構促進多元參與的學習任務與管道

教保服務人員要建構具有可及性的課程與教學，則有以下三個原則：明確的課程與教學目標、適當的歷程引導，以及參與全校性的活動建立社群感。

（一）明確的課程與教學目標

學生參與課程與教學活動時，有清楚的學習目的與任務。教保服務人員主要根據幼兒園教保活動課程大綱的課程目標與學習指標，思考以下問題：

1. 觀察幼兒目前各領域的發展已到什麼程度？

2. 教學設計的難易度是否符合幼兒的發展？

3. 根據課程目標與學習指標訂定有意義的學習活動。

4. 觀察與評量幼兒在活動歷程中的學習反應如何？是否需要彈性調整與支持？經過彈性調整與支持後，是否能朝著發展階段向上發展？等。

（二）適當的歷程引導

在引導歷程中，依據維高斯基「近側發展區」的概念，鷹架幼兒的學習。教保服務人員可參照以下建議：

1. 隨時檢視學生的學習現況，是否太簡單而需要給予更多挑戰的內容？

2. 是否太困難導致幼兒沒有辦法跟上課程，需要給予一些鷹架、支持或簡化一些內容？等。

3. 透過適當的歷程引導，幫助每位幼兒在自己的學習現況與學習速率上循序進步。

（三）參與全校性的活動建立社群感

班級的課程與教學活動要與全園／全校性的活動有密切連結，教保服務人員需建立一個具有社群感的學習互動體，可參照以下作法：

1. 參與全園／全校的社區文化踏查體驗活動，並帶回來在班級的課程中做討論與實作。

2. 確保所有幼兒有機會參與全校活動，以及班級間的互動。

3. 促進幼兒與同儕及環境間的連結與緊密互動。

三、促進幼兒建立自我規律能力以提高多元參與機會

（一）從活動參與中建立「自我規律」的能力

「自我規律[1]」是引導每一位幼兒達到有效認知學習、成熟人格、正向社會情緒互動，以建立良好發展與學習的重要能力指標（Montroy et al., 2016）。教保服務人員應引導幼兒參與課程活動，朝向幫助幼兒建立「自我規律」的內在學習能力，激發幼兒對活動有高度動機，在參與的過程中保持好奇心、與人正向互動、知道如何使用各種教學活動器材與教材，並有良好的自我概念與認同，喚起幼兒主動學習的本能。具體作法包括：

1. 引導幼兒逐漸增長其專注的時間及有效的學習歷程。
2. 因應與調節面對困難或學習挫折時的負面情緒。
3. 引導幼兒自我反思學習內容。
4. 培養幼兒調節出合理的學習期待與內在自律能力。

（二）引導幼兒以「自我規律」能力克服環境與學習困難

當幼兒面對學習中的困難與挫折時，也要學習以正向情緒克服困難。在引導過程中，教保服務人員應循序漸進地引導。

---

[1] 「自我規律」的原文為self-regulation。「自我規律」能力是指能夠讓自己的行為表現建立在適度的計畫、控制與調節上，具體而言，幼兒能理解行為規範並考慮行為後果，使自己在面對人、己與環境的變化上，愈趨理智與成熟。「自我規律」在嬰幼兒階段便開始發展並持續成熟，早期的「自我規律」發展之成熟度可作為預測成功的重要指標。「自我規律」能力在幼兒時期，即可透過教育的方法來提升（Montroy et al., 2016）。

1. 若幼兒因為分心或注意力轉移而產生學習或適應困難時，教保服務人員可參照以下作法：

(1) 提醒班級常規與行為結果。

(2) 即時的眼神與手勢提醒。

(3) 培養自我管理能力等不同策略，可諮詢相關專業團隊人員。

(4) 引導學生將學習注意力放在重要的學習任務上。

2. 若幼兒因動作、感官知覺、認知困難而產生學習或適應困難時，教保服務人員可參照以下作法：

(1) 尋求與專業團隊討論與諮詢。

(2) 使用輔助器材，克服因動作、感官知覺、或認知困難所帶來的學習障礙。

(3) 指導幼兒自行管理輔具使用，建立幼兒獨立、主動能力，並增加學習動機與自我效能。

第二節　多元表徵

多元表徵重點在於教學內容的多元呈現，使每位幼兒都能依自己的風格和優弱勢，接收、感知與理解教材活動的重要訊息。教保服務人員透過多元表徵的課程設計，可從以下三個方面著手：增加課程與教學的可及性、建立共同理解的語言與符號，以及幫助幼兒達到意義建構並產出新的理解。

一、增加課程與教學的可及性

（一）符合幼兒程度與學習風格

如何使得教材教具能符合幼兒程度與學習風格，使其在教學中達到最佳效果，教保服務人員可思考以下重點，增加課程活動與教材的可行性：

1. 教材教具呈現首重於思考清晰、系統化，又能展現學習重點。

2. 因應幼兒接收訊息的風格、興趣，以及優弱勢學習管道的差異性。

3. 具有可變化與可調整的彈性功能。

4. 運用多媒體輔助器材，諸如：可隨難度調整附有不同程度的輔助說明，有需求者可以從輔助說明中得到提示；而已經理解教材內容的學習者，可以忽略輔助提示，依照自己的進度做進階學習。

（二）多感官的表徵與支持

教保服務人員根據情境，拿捏不同表徵的需要與應用，達到輔助學習的效果，也可以透過充分多元的教材表徵，提供幼兒多元感知刺激與激發美學賞析的機會。多感官表徵的教材活動如下（宣崇慧、林嘉琪，2010）：

1. 有適時、適量的聲音與視覺訊息呈現。

2. 各種訊息的呈現有其功能（例如：提醒注意、給予回饋、配合聲光、結合美感體驗、延伸活動等），以達到既定的學習效果。

3. 各種聲光提示可發揮特定功能，但要避免過度的聲光刺激。

4. 各種聲光提示的特定功能，諸如：

(1) 聲音提示的功能，如：表達情緒、語音呈現、語言說明、音質感受等。

(2) 視覺提示的功能，如：手語提示、情緒表達、社會訊息等。

(3) 抽象概念的具體化與統整化，以幫助理解，諸如：圖表呈現關係架構、語意輔助、數量概念輔助、或故事結構系列等。

（三）呈現不同難度、複雜度的課程內容

課程難度與複雜度的規劃，應依幼兒年齡、能力、發展程度等而有差異。

1. 團體討論的提問難度不同。

2. 透過提問、提示、引導，鷹架幼兒注意力、知識建構與思維。

3. 學習區教材、教具、提示、引導等的規劃，依不同難度與複雜度而分配。

4. 個人獨自的工作或任務，依幼兒能力而有不同難度、複雜度與達成目標的要求。

二、建構共同理解的語言與符號

（一）適合的語言表徵

1. 提供多種語言符號訊息

在教學現場中，教材活動可能是透過不同的語言或符號來傳達意義。例如：繪本中除了圖畫本身的訊息傳達外，其語言種類、文字符號亦包含中文、英文、或其他特定語言，以及注音符號標音等。

2. 增加影響幼兒在活動中的訊息吸收與理解的語言重要元素

可包括：

(1) 以幼兒所使用的母語及其口語理解能力，提升閱讀理解。

(2) 瞭解幼兒是否學習過不同的讀寫符號或文字，特別是非母語使用者。

(3) 應審慎考量幼兒的口語理解能力與符號和文字的讀寫萌發技能，適當鷹架閱讀理解。

(4) 有些符號或是圖示在表達上，也可能含有特定的文化脈絡與社會理解。

（二）有效支持讀寫發展

1. 從幼兒讀寫發展的基礎上給予指導

語言與符號能力的認知發展，在幼兒到學齡階段的發展上，奠定了重要的學習基礎。其中包含幼兒的語音知覺、聲韻覺識、文字符號概念、符號記憶、工作記憶等細微又基礎的認知能力，此等認知能力是幼兒語言發展與讀寫萌發的重要元素。

2. 覺察與預防幼兒認知心理語言缺陷對閱讀發展造成的影響

幼兒的自律能力、內在執行功能的敏捷性、聲韻覺識，以及對語言詞彙理解的質與量等能力，都是支持閱讀發展的重要認知心理語言技能。前述任何一個認知心理語言技能，在幼兒發展與學習的歷程發生困難或缺陷，都可能導致後續的語言或閱讀發展障礙。教保服務人員若有察覺，須與相關專業人員討論提早補救，可預防與減緩日後造成學習障礙（宣崇慧，2014；宣崇慧、蔡建鈞，2016；宣崇慧、盧台華，2006；宣崇慧等人，2012）。

3. 對應語言能力有關的學習指標，監控幼兒語言發展

幼兒的語言與讀寫發展歷程中，教保服務人員可對應幼兒園教保活動課程大綱的學習指標，能具體從活動中觀察到的能力，諸如：語意發展、語法與句子架構發展、文字或數學概念的發展、語言理解發展，以及語言與符號表達敘說的能力發展等，此等能力也是教師可以從多元教材表徵中持續支持幼兒學習與成長的重要能力（宣崇慧、蔡建鈞，2017）。

三、幫助幼兒達到意義建構並產出新的理解

（一）建構教學的意義

教保服務人員依幼兒特質，設計多元活動，並運用跨領域、多感官，以及多元引導技巧與輔助教材，幫助幼兒連結背景知識脈絡與課程活動。

（二）具體的支持與引導策略

教保服務人員需使用支持引導策略，支持幼兒理解課程內容。適當的支持策略，可幫助不同程度幼兒進行意義建構與理解創造。盡可能協助幼兒將理解與建構的新知與技能，在不同的活動情境或一日作息活動中能應用學習，達到類化與遷移的效果。具體的策略包括：

1. 摘要重點或提示重點。
2. 鷹架對話策略，逐步引導幼兒思考。
3. 視覺化複雜或抽象的學習內容等技巧。

第三節　多元展現與表達

展現與表達是引導幼兒透過課程產出學習成果的重要途徑。教保服務人員透過多元展現與表達的課程與教學設計，使幼兒從學習中發展更豐富的成果展現。

一、多元彈性的表達

（一）引導幼兒表達學習歷程與學習成果

幼兒需要適當的引導，才能將所理解或思考的內容表達出來，而班級中的幼兒也會因為個人的優勢或弱勢，而有不同的展現與表達方式。

（二）克服身心障礙的優勢表達

發展遲緩或身心障礙的幼兒，更需要不同展現與表達的管道引導。例如：

1. 語言發展遲緩幼兒

對語言發展遲緩幼兒來說，使用口語表達想法對他們來說是不利的，他們在各項領域能力的發展上與一般幼兒無異，但有可能因為語言的限制而說不清楚。因此，只有語言表達的進行模式，會影響學習信心或他人對他的看法。

2. 腦性麻痺幼兒

腦性麻痺幼兒在動作技巧或動作組織方面比較弱，也可能有動作執行上的困難，在肢體動作表達與呈現順序規劃上會遇到困難。此等幼兒都需要多元選擇的表達管道，也可透過適當的輔具輔助支持，同時給予表達的彈性，包括：表達的時間長短、速度快慢、時機、難度極限等。

3. 注意力與規律性較弱的幼兒

有些幼兒的學習特質之外在表現為：注意力較弱、容易分心、結構組織力較弱，而使得口語表達或作品表現較散亂、沒有主旨架構、內容雖然豐富但容易失去焦點等，教保服務人員可給予清楚的活動指令讓他們遵循，諸如：條列式的活動流程、輔以視覺化或聲音提示的架構流程、即時的語言引導主旨重點等；進而，也可特別加強其抓重

點、聚焦重點、避免自己失神分心等自律技巧。

二、多元的表達類型

　　幼兒園教師在課程設計中,最常引導的表達管道是讓幼兒在現場以口語來說明或展現作品或想法。在多元展現與表達的課程及教學設計下,教師還可以依幼兒興趣或優弱勢,給予文字、繪畫、漫畫、戲劇、舞蹈、音樂、動態或靜態的動作或影像等多元展現的選擇。此等多元的展示也不限於在課室現場呈現,教師可以提供多媒體平臺的選擇,由家長協助幼兒上傳自己的作品或動靜態展現。

三、多元學習觀察、評量與輔導

　　在幼兒園沒有正式的紙筆評量,教師透過幼兒平日表現、作品展現、或各式表達,評定幼兒是否達到學習目標,並決定每一位幼兒繼續學習的難度、方向與支持策略。因此,在多元展現與評量的活動中,教師須具備評量的目的,逐步支持並引導幼兒朝向發展的目標學習。

第四節　以全方位通用課程建立優質的幼兒園課程與教學

　　教保服務人員可透過以下的具體作法,增進幼兒園課程與教學之全方位與通用性。

一、合宜的學習環境規劃

　　合宜的教學環境可以提供幼兒正向學習支持，其重要內涵包括：

　　（一）於整體的軟硬體空間之規劃上，需符合相關法規規範。

　　（二）設計能提供幼兒具有安全、舒適、明亮與美感經驗的學習與生活空間。

　　（三）各種教學材料收納、歸類清楚，且易於拿取與放回。

　　（四）規劃具有課程與教學目的之課程動線，例如：清楚規劃活動流程、提示系統，符合獨立、小組、或團體活動的隔間設計等。

二、正向的班級經營

　　正向的班級經營與管理，主旨在提供幼兒正向的學習與行為支持，其內涵應包含：

　　（一）清楚的班級常規規範。

　　（二）增進班級互助與和諧的氛圍，增進師生與幼兒間的「利社會（prosocial）行為」[2]。

　　（三）規劃清楚的一日作息動線與清楚的提示，讓幼兒清楚一天的活動流程，建立幼兒的規律感與自律能力。

　　（四）一致且清楚的提示，教保服務人員可以音樂、燈光、拍手節奏、口訣等提示。例如：當全班幼兒聽到「收拾的音樂」後，會立刻在5-10分鐘的音樂時間內，結束目前的活動開始收拾。

---

[2] 「利社會行為」是指對人、某個群體、或社會需求提供幫助或利益，而不求回報。此行為可能基於同情、道德觀、或尋求社會認同；此行為可能是自發的或是刻意的，但不論動機如何，此行為能增進彼此及整個社團之福祉（Drew, 2024）。

三、有效的親師互動

家庭是另一個支持幼兒學習的重要場域，家長亦是優質幼兒教育實踐的重要夥伴。教保服務人員應透過以下作法，建立高效能的親職關係：

（一）暢通有效的親職溝通，表達幼兒人權概念、正確的教育理念，以及具體作法。

（二）專業成長與親職增能，面對幼兒的差異性與個別學習適應的困難，與家長共同進行相關專業成長。

（三）瞭解不同家庭功能，適切支持家庭需求並善用家長資源。

四、教師專業成長與支持系統的建立

教保服務人員應持續充實融合教育現場的職場專業，包括：

（一）持續瞭解與因應政策法規的更新，如：《特殊教育法》母法及相關子法，朝融合教育的方向推動，在2023至2024年有大幅度的修法，揭櫫融合教育教師應有的專業知能，以及透過專業合作落實融合教育的支持系統。

（二）職前與在職階段修習相關課程，諸如：幼兒園融合班教保服務人員可修習特殊教育次專長學程、參與特殊教育知能研習與工作坊，以及參與相關社團與社會服務活動等。

幼兒園融合教育之課程
調整與差異化支持策略
CHAPTER 7

個體的「差異性」代表其所在群體中最珍貴的多元（diversity）價值。幼兒園教保活動課程大綱的主要精神，在於以幼兒為中心的課程與教學設計（教育部，2016）。教師要將學前融合班級視為富有多元特性組成的群體，在教保服務的歷程中，尊重每一個個體的特性與需求。學前融合班級中的多元性，來自於幼兒的外在與內在因素。外在因素包括：不同文化、家庭背景、使用語言等，此等因素影響著幼兒對人、事、物的思維方式上的差異、生長環境中支持程度的差異、父母親教養的差異，以及幼兒在主流環境中的學習與互動差異等。內在因素包括：幼兒本身的年齡、心智發展、氣質風格等，此等內在因素影響幼兒在參與課程活動歷程中，需要不同程度的教師引導、環境支持、彈性調整的學習管道，才能達到讓每位幼兒都能持續進步與建立良好的社會適應與同儕關係。學前融合班級教師設計差異化課程，依據班級幼兒不同程度的差異需求，彈性調整課程的可參與性，建構支持性的教學歷程，喚醒每位幼兒欣賞彼此的差異性與主動學習的本能。本節從幼兒的差異性討論幼兒需求，並提出教師課程調整的方向與策略。

第一節　外在因素的差異性質

幼兒學習需求的外在差異可能來自不同文化、語言與家庭背景上的差異性，此等差異性可能使得幼兒在班級中的學習與生活適應上有落差，包括：參與投入的程度、學習方式與歷程、學習表達等不同階段上的困難，教師需要進行差異化課程調整。以下具體說明可能的困難如下：

一、班級中的非主流文化幼兒

從生態系統理論而論，非主流文化幼兒之學習與適應落差來自於巨觀的文化差異影響，雖然該幼兒的家庭居住在與幼兒園相同的政治、法律、語言與社區生活脈絡中，但文化的差異仍會透過家庭生活信仰與習性，而使幼兒可能在宗教信仰、思維與表達習性、與人相處模式等與主流文化幼兒不同。非主流文化下的幼兒進入主流社群中學習與生活，幼兒需適應不連續的學習生態，亦即，家庭生活來自於其家庭原有的文化背景之影響，學校生活則是其融入主流文化時所需要的調適與壓力。若幼兒因文化差異而產生學習與生活上的不適應，幼兒會經歷對其學習與發展造成不利的歷程，對其各面向領域發展均有不良影響。非主流文化幼兒在主流幼兒園中的困難，包括：

（一）對主流文化的課程活動缺少經驗而不理解

幼兒園中的課程活動強調結合幼兒社區與生活經驗，故幼兒園教師常將幼兒生活信仰或節慶中的經驗，帶入教室的各種活動中。例如：宗教信仰、廟會慶典、中秋節烤肉等。非主流文化下的幼兒若沒有經歷主流文化活動或飲食的經驗，可能會產生以下困擾：

1. 團討時無法具體理解討論的內容。
2. 缺乏相關活動的詞彙以理解課程中的語彙內容。
3. 無法跟隨老師的活動蒐集與整理活動相關素材。
4. 與同儕溝通和分享經驗時發生困難。

（二）與主流文化中的家庭經驗不同而產生適應困難

具非主流文化家庭經驗的幼兒進入主流文化幼兒園時，主流文化的一日作息活動會對幼兒習以為常的生活作息帶來衝擊，例如：性別、日常作息或飲食、人際互動。常見的家庭經驗所帶來的學校調適

挑戰，諸如：

1. 來自單親或同性家庭幼兒，須重新認識或被迫認同傳統文化中的父職或母職角色。

2. 不同文化或信仰背景家庭的飲食差異，影響其對於幼兒園點心及午餐的飲食習慣與接受程度。

（三）語言、思維與表達差異上所帶來的困擾

非主流文化家庭幼兒家中使用的母語，可能與幼兒園不同。不同文化生活及語言的差異下，也會有不同的思維方式。在融合幼兒園中，此等幼兒可能因此差異而產生以下困擾：

1. 對於中文標示或書籍理解困難。

2. 對於中文口語活動參與和理解困難。

3. 使用中文表達想法時發生困難。

4. 因文化或語言差異，使得教師或同學難以理解其想法。

二、來自資源不足或弱勢家庭的幼兒

弱勢家庭可能包括經濟弱勢及區域弱勢，造成幼兒在成長學習過程中，接受的資訊不足。資訊不足的原因可能來自：父母親或主要照顧者的知識能力不足、或父母親或主要照顧者不當的照顧未給予幼兒足夠的學習刺激等。

（一）父母親或主要照顧者知識能力不足

父母親或主要照顧者知識能力不足，將無法在幼兒的生活與學習歷程中，給予其成長有利的互動。諸如：與幼兒的日常對話非常少或過於簡短，僅限於單調且不完整的指令句或問句，如「好不好？要不要？來吃飯、去洗澡等」，無法提供幼兒有較完整的語言發展環境；

無法回應幼兒的日常問題或陪伴幼兒閱讀，使得幼兒成長過程中沒有成人可以模仿與學習的對象，獲取知識的管道受到阻礙，造成常識不足或停滯探索。

（二）家庭經濟不利

家庭經濟不利會使得幼兒營養不良、生活條件惡劣、在家庭學習資源不足，諸等劣勢環境，會影響幼兒大腦的成長發育，也會因家庭給予的知識、學習管道匱乏，例如：家中沒有網際網路或閱讀書籍等，使幼兒可以接觸外界習得新知的管道受阻。

（三）父母親或主要照顧者不當照顧與教養

不當照顧與教養是指幼兒在家庭中，遭受虐待、溺愛、疏忽、或強加灌輸不正確的知識訊息或不良行為，導致幼兒發展遲緩、認知能力落後、或行為偏差等。

幼兒來自前述弱勢的原生家庭，在幼兒園中可能發生以下學習與適應上的困難：

1. 基本常識不足。
2. 認知發展遲緩與思維能力薄弱。
3. 語言發展遲緩，理解與表達能力不足以融入幼兒園的各方面活動需求。
4. 身體發育遲緩、大肢體到精細動作技能較弱。
5. 過於服從、缺乏自信心、好奇心與主動探索的能力。
6. 過於反抗、行為偏差、缺乏人我互動的基本社會技能。
7. 過於自我、缺少換位思考與同理心，難以遵守班級常規與秩序。

第二節 內在因素的差異性質

　　幼兒的內在差異主要來自於基因或個體發展上的不同，諸如：基因特質、個體成長、認知發展、身心障礙或身體疾病等，影響幼兒的自我規律能力、注意力控制、社會互動關係、語文讀寫技能發展、情緒管理及挫折容忍能力等，進而影響其參與幼兒園中的學習活動與一日作息。

一、幼兒自我規律較弱

（一）自我規律能力在融合幼兒園的重要性

　　在幼兒園中，幼兒透過對環境的察覺產生內在的自我提醒，表現出合宜的行為，以適應所處環境之活動或規範，並融入參與幼兒園的課程活動計畫與一日作息。在融合班級活動下，幼兒需理解遵循班級規範、遵循課程活動步驟或執行方法、或跟隨教師的引導進行某個思考與討論等，幼兒在參與課程的過程中，透過自我規律參與課程活動與一日作息。

（二）自我規律發展遲緩對融合幼兒園適應的影響

　　自我規律發展遲緩的幼兒，因面對不感興趣的活動、不願意停下目前正在進行的活動、逃避特定不擅長的活動等原因，而無法順利參與課程。這種情形較常發生在幼兒園活動轉銜的過程，有些幼兒可以在教師的引導或提示下順利轉銜到下一個活動或作息中，但少數自律較弱的幼兒需要更多的引導或提示。

二、注意力控制較弱

　　注意力控制較弱的幼兒，其一般注意力相關能力發展與班上其他幼兒相較顯得落後或異常（American Psychiatric Association, 2022），而在班級活動與學習情境下出現難以起始、參與、維持，以及遵守相關規範的情形。教師可觀察幼兒是否常出現與注意力控制相關的問題，諸如（宣崇慧，2014）：

　　（一）常常因粗心大意而忽略該注意的細節。

　　（二）常常無法有耐心完成一般工作。

　　（三）與人說話時容易分心。

　　（四）活動起始或持續有困難。

　　（五）做事沒有計畫及系統、物品凌亂、時間管理能力弱、做事不按照步驟或遺漏重要步驟、常常忘東忘西、或是容易受到外在影響而分心等。

三、缺乏社會互動技巧

　　社會互動能力較弱的幼兒，常因不瞭解社會情境脈絡，而在融合班級中易與他人產生摩擦。教保服務人員可在幼兒園教保活動課程大綱的各項學習指標上進行觀察，評估與瞭解幼兒是否有特定社會技巧發展的困難。此等幼兒，不但容易造成他人的不諒解，也容易使得自己常招致同儕的敵意而交不到朋友，或在團體中受到排擠與霸凌。可能是缺乏以下社會互動技巧：

　　（一）缺乏觀察環境狀況與理解他人感受。

　　（二）不知如何給他人符合社會期待的社會回應等。

　　（三）缺乏一般社交禮儀該有的肢體語言或表達用語等。

　　（四）在與人摩擦或衝突的情境下，不容易冷靜思考與朝緩和衝突的方向處理，導致人際互動氣氛的惡化。

四、缺乏讀寫技巧

讀寫技巧發展的前端重要因子，包括：語言理解能力、自律與執行功能效率、聲韻覺識，以及圖書文字的接觸與學習等。教保服務人員也可參照語文領域課綱指標，觀察幼兒是否在語文領域的特定指標能力有明顯落後，進而以此為基準點給予幼兒更多的支持與引導。許多早期讀寫相關能力缺陷者，在入學後也是學習障礙或語言障礙的高危險群（宣崇慧，2014；宣崇慧、蔡建鈞，2016）。學前讀寫技巧缺乏的幼兒，會反映在以下發展困難上：

（一）讀寫萌發技能明顯落後於同儕。

（二）語言理解與表達能力較弱。

（三）不喜歡或抗拒語文與閱讀的活動。

（四）文字及書寫概念與能力表現明顯落後於同儕等。

五、缺乏情緒管理或挫折容忍之技巧

缺乏情緒管理技能的幼兒，可能在情緒察覺、情緒認知、自我情緒調節、與情緒表達上發生困難。諸如：直接以衝動的負面行為表現出來，諸如：哭鬧、不合作、攻擊、逃避、或激烈的行為反應，來表達複雜又細微的情緒感受。教保服務人員可依照幼兒園教保活動課程大綱內涵，觀察與分析幼兒現階段的情緒管理與容忍挫折的能力，分析其較弱的情緒管理技巧，進而給予適當的輔導。

第三節　因應困難與需求上的調整技巧

差異化課程的調整，是指教師根據班級中每一位幼兒在學習過程中可能發生的學習困難，給予適時的環境或課程與教學上的調整，以使得課程保有其全方位與通用性的彈性特質。因此，差異化的課程

調整是來自於幼兒的學習需求。教保服務人員進行課程調整的時機，是當教師發現幼兒有學習困難時，所提供的專業措施，諸如：提供支持、教學策略的應用、環境空間、時間、活動的彈性調整，以及幼兒學習反應與行為表現的觀察與記錄等，是融合教師的專業發展重點之一。

當融合班教保服務人員發現，即便做了通用設計課程（如：多元參與、多元表徵，以及多元表達），還是有少數幼兒因為內在或外在因素，導致其在學習活動與一日作息中，在參與、持續進行、與一般幼兒互動，以及充分表達等出現困難，需因應幼兒的需求進行課程調整。Sandall 與 Schwartz（2008）根據學前幼教現場可做的課程調整提出八大支持方式，包括：物理或心理社會環境支持與調整（environmental support）、教學活動材料調整（materials adaptation）、將複雜的活動列出系統步驟或簡化（activity simplification）、從幼兒的興趣引導（child preferences）、特殊輔助用具的使用（special equipment）、教保服務人員支持引導（adult support）、同儕支持（peer support），以及在自然情境中刻意安排的隱性的支持（invisible support）。

上述八種課程的調整與支持，可統整為環境硬體設備、教學與教材設計，以及人力協助三個層面。

一、環境硬體設備的差異化支持

教保服務人員利用環境改變或運用輔助器材，來支持教學活動的運作。

（一）提升專注力並降低分心行為

有系統的收納與規劃，或減少雜亂的視聽覺刺激，有利於幼兒專

心。例如：原本開放式的櫥櫃，讓部分幼兒因選擇過多、容易取得，反而容易分心，造成中斷現在應該專心的活動或一直頻繁更換器材，尤其是班級中年齡較小或專注力較弱的幼兒特別明顯。教保服務人員可做以下調整與支持：

1. **環境調整**：教保服務人員在開放式的櫃子前設計一道布簾，減少造成分心的過多視覺刺激。

2. **差異化支持**：製作流程清楚的視覺流程圖卡，並擺放適量的工具，以增加年齡較小或注意力較弱的幼兒在活動上的專注力與持續力。

（二）增加視聽覺及意義化提示

情境線索反應較弱的幼兒，需要更清楚的視覺提示訊息，有助於引導幼兒進入自律與規律。透過環境刺激，引導幼兒建立看到或聽到提示訊息後，知道該依循程序做該做的事情。

1. **例子一**：若少數幼兒排隊時無法拿捏距離，容易造成推擠混亂，教師在排隊區的地上特別標示每位幼兒站立的位置，此視覺標示指引，可讓幼兒清楚定位。

2. **例子二**：班級中有少數語言理解較弱的幼兒，在聽故事與回答問題的過程中，對故事情境的角色、事件順序、發生的問題，以及問題解決方案等因果關係較無法掌握時，教保服務人員可以將故事角色的姓名以視覺卡呈現、將故事發生的順序或因果關係圖像化、將故事內容結合聲光或多媒體呈現等。

二、教學與教材設計的差異化支持

因應少數幼兒需求，在教學與教材設計的差異化調整上，可分為教材設計、活動簡化、活動調整（隱性支持），以及針對幼兒興趣或

喜好的調整四部分。

（一）教材設計差異化的調整

針對班級中年齡及發展能力的差異性，教保服務人員可給予不同難度層次的學習材料、學習單，或不同複雜性的活動流程。

（二）活動簡化差異化的調整

可依據班級中幼兒的年齡與能力，調整可達成的學習指標。也可利用工作分析的概念，將大的活動拆解成更小的或基礎的內涵技能，再慢慢協助幼兒從小步驟的基礎歷程逐步達成學習指標。

（三）活動中隱性支持的調整

班級中少數幼兒因為興趣較偏執而特別執著或留戀某個學習區或教材玩具，或因不擅長某個活動而刻意逃避、或因不耐等待而常造成插隊或推擠等，導致此等幼兒在特定學習任務沒有充分參與及學習，班級活動也常因此被干擾或中斷。

教保服務人員評估幼兒有此等狀況後，思考在活動中進行隱性調整，來支持此等幼兒的參與及學習。

1. **例子一**：將活動流程作調整，幼兒先完成不喜歡或刻意逃避的任務後，下一個流程即可進行興趣較高的活動任務或教材教具，其中給予幼兒等待、抑制衝動、遵守流程順序等的學習挑戰。

2. **例子二**：當遇到少數幼兒在團體中因年齡較小、新來班上不瞭解活動流程等，教保服務人員可刻意調整活動順序，讓此等幼兒能先觀察舊生或能力好的幼兒進行相關活動，無形中提供了多次示範與模仿的學習機會。

3. **例子三**：學習區使用個別積木盒時，若有少數幼兒尚未建立「使用自己積木盒內的積木」的常規，而常會任意拿取別組積木時，

教保服務人員可先做任務分組，讓鄰近組別幼兒使用不相容且不同類型之積木，並讓不同任務組別幼兒在不同工作桌工作。

4. **特定教學法的應用**：教保服務人員也可將合作教學、直接教學後再提供練習機會、互惠教學、鷹架學習等有效教學策略，應用於教學設計與活動執行中，適時調配課程內容、節奏與流程，讓幼兒於認知、社會溝通、語文學習、情緒管理等不同能力上，在團體、小組及個人情境中，能獲得多元的學習機會。

（四）針對幼兒興趣或喜好的調整

運用幼兒有興趣或喜好的教材或活動來引導學習，可增加幼兒投入的程度；也可與上述教學活動調整中的隱性支持結合，運用於多元的教學活動設計中。

三、人力協助

人力協助的部分可包括：教保服務人員或其他成人的即時引導、同儕之間的協助等方式來達成，此等人力的調配與應用，依幼兒需求程度而不同。少數幼兒需求較容易滿足，可融入前述的教學調整之隱性支持中，在不同情境下給予人力協助；但對於有特定專業或特殊教育需求之幼兒，則需再進一步做個別化支持的介入安排。

幼兒園融合教育之
個別化精神落實

CHAPTER 8

　　融合班級的課程與教學需落實個別化精神。根據《特殊教育法》（教育部，2023）第三條，經專業評估有特殊教育需求，須特殊教育及相關服務措施協助之情形。幼兒園班級教師瞭解特殊教育支持系統之專業資源，充分應用並統整於融合課程中，滿足其教育與生活上的特殊需求。在幼兒園融合教育現場，個別化精神的落實可從個別化教育計畫之擬定與執行兩方面來實踐：1.擬定方面，以專業團隊合作的方式，評估幼兒需求、特殊教育的實施與評量方式，擬定個別化教育計畫；2.執行方面，將特殊需求幼兒個別化教育計畫的教學與評量，在融合班級的課程教學與一日作息中實踐。

第一節　以專業團隊合作的方式提供特殊教育服務

一、特殊教育專業團隊合作的法源依據與服務現況

（一）專業團隊合作擬定個別化教育計畫

　　《特殊教育法》第二十七條第二項[1]，有關身心障礙學生的教育應以專業團隊合作方式，結合衛生醫療、教育、社會工作、職業重建等不同領域的相關專業人員，依照幼兒的狀況與需求，共同評估、規劃與執行。依據教育部特殊教育通報網的資料顯示（教育部特殊教育通報網a，2023），截至2023年5月為止，有高達92%之身心障礙幼兒，安置於融合班級中，接受特殊教育巡迴輔導或在普通班接受特殊

---

[1] 《特殊教育法》第二十七條第二項：
高級中等以下學校、幼兒園對於身心障礙學生及幼兒之評量、教學及輔導工作，應以專業團隊合作進行為原則，並得視需要結合衛生醫療、教育、社會工作、職業重建相關等專業人員，共同提供學習、生活、心理、復健訓練、職業輔導評量及轉銜輔導與服務等協助。

教育服務。可見，絕大多數有特殊教育需求的身心障礙幼兒都是安置在融合教育班級中，融合班教師與該幼兒相關的專業團隊成員合作，共同提供特殊教育或相關專業服務。由於每位幼兒因身心障礙情況不同，故進入融合教育共同合作的專業團隊成員不盡相同，需要依據幼兒的身心障礙狀況與需求，由鑑輔會來統籌安排。

在融合現場中，有87.73%的身心障礙幼兒是因「發展遲緩」因素而鑑定為有特殊教育需求者（教育部特殊教育通報網b，2023）。根據《身心障礙及資賦優異學生鑑定辦法》第十三條，針對「發展遲緩」幼兒是指未滿6歲（或入小學前），因生理、心理或社會環境因素，在知覺、認知、動作、溝通、社會情緒或生活自理等不同領域能力上，與同齡幼兒相較顯著遲緩者，此等幼兒可能因年紀太小其障礙類別尚難以確定。由此可見，雖然幼兒的特殊需求鑑定為「發展遲緩」，但其需求可能來自於多個不同發展領域的遲緩或障礙。教保服務人員與相關專業人員或巡迴輔導特教老師合作，在環境中評估幼兒在融合情境中，學習與生活上需要的特殊教育介入、復健服務或輔具使用等，納入個別化教育計畫中。

（二）特殊教育需求幼兒的能力與需求評估

特殊教育需求幼兒的能力與需求評估，要從多元評量資料中，才能瞭解幼兒是哪一個領域的遲緩或障礙情況比較明顯，需要特殊教育或相關專業服務。其多元評量資料可包括：標準化評量結果或非標準化評量記錄。

1. 標準化評量

標準化評量是指經早期療育聯合評估或心評人員評量的結果，常見如幼兒的發展評估量表、評估結果、智力測驗結果、語言或社會發展測驗結果等，此等資料反映了該幼兒各項測驗結果所代表的能力上，在團體中處於正常或發展遲緩的位置，提供教師與相關專業人員

直接且具體的判斷標準。特殊需求幼兒的標準化評量資料，是判定其是否在一個或多個發展領域上，有明顯落後同齡幼兒的具體指標。例如：若幼兒標準化評量資料顯示，整體智力表現的百分等級分數接近50分，表示該幼兒的智力表現仍有達到中等的發展位階；但在語言發展的百分等級分數表現則只有3，平均在每100名幼兒中排名倒數第3，表示該幼兒的語言發展能力有明顯落後。由此等標準化評量資料，可幫助鑑定人員與教保服務人員具體清楚地瞭解該幼兒內在能力的差異性，主要問題在於語言發展遲緩，但該幼兒的認知表現正常。

2. 非標準化評量

非標準化評量資料可來自於教保服務人員的班級觀察、與主要照顧者晤談、或幼兒不同形式的學習作品等。

(1) 班級觀察：幼兒個別或在團體中進行活動時的觀察資料，可來自於融合班教保服務人員在幼兒園課程活動與一日作息中的不同情境中的觀察記錄。例如：活動觀察記錄、行為軼事記錄等。

(2) 晤談資料：融合幼兒園教保服務人員也是與幼兒主要照顧者互動的人，故會比相關專業人員或巡迴輔導老師更瞭解幼兒家庭狀況與父母教養態度。因此，融合教育教保服務人員透過不同親職互動管道，瞭解幼兒在家中的生活自理能力、與家人溝通情況、與家人及社區的互動等。教保服務人員可透過與家長晤談，瞭解幼兒在家中各領域能力的表現情形。

(3) 幼兒學習歷程檔案：幼兒園教保服務人員也會將幼兒的學習成果有系統地蒐集成個人學習檔案，這些檔案資料可以呈現幼兒的學習進步歷程與成果，是幼兒檔案評量的重要內容。

特殊需求幼兒的非標準化評量資料，不但是提供鑑輔會專家小組瞭解幼兒在融合環境中，是否有特殊教育或相關專業服務需求的重要判斷依據，也是特殊教育與相關專業人員與融合班教保服務人員合作諮詢介入的重要參考內容。詳細的非標準化評量資料，能讓特殊教育

巡迴輔導教師或相關專業人員，掌握幼兒在融合情境中該學習的重要技能，以提出有效個別教育方案的訓練計畫，並引導幼兒將重要學習技能類化於融合班級的日常作息中。

二、因應不同特殊幼兒需求相關專業團隊的支持服務

（一）特殊教育人員

　　融合幼兒園中因應不同特殊教育需求幼兒之特殊教育人員，主要以巡迴輔導的方式為主。巡迴輔導之特殊教育教師為同時具有特殊教育與幼兒教育專長、或具有特幼類科專長之教師，在個別化教育需求評估的過程中，會提供特殊教育需求幼兒所需服務的諮詢或直接提供特殊教育服務。例如：具情緒行為問題的幼兒，若在融合班級中常因不理解或不願意遵守班級常規，而出現攻擊他人或哭鬧行為，特殊教育教師判別標準化或非標準化相關資料後，認為幼兒需要透過溝通訓練課程來建立表達情緒的溝通行為，也需要以社會故事課程讓幼兒學習在社群中可被接受的溝通行為，因此由特殊教育教師進行「溝通訓練」或「社會故事」等特殊課程，並建議融合教育教師將此特殊課程中所建立的溝通與社會技能，嵌入於融合班級的不同情境中。

（二）相關專業團隊成員

　　目前各直轄市或縣市常見的巡迴輔導相關專業團隊成員，包括：語言治療師、職能治療師、或物理治療師。融合班級中的特殊需求幼兒的相關專業團隊成員，依幼兒的發展困難或身心障礙狀況之需求來決定。學前常見的幼兒身心障礙狀況，包括：身體動作發展遲緩或障礙幼兒、一般認知發展遲緩或障礙幼兒、語言或溝通發展遲緩或障礙幼兒、感官知覺障礙幼兒、社會情緒發展遲緩或障礙幼兒、與生活自理表現遲緩幼兒。此等幼兒在融合班級中的相關專業服務需求各異，

相關專業團隊成員共同的任務爲透過個別化教育計畫，在共同規劃融合教育下，規劃有哪些成員共同形成支持平臺？如何提供此等特殊教育服務之支持服務的執行與評量？等。個別化教育計畫中的相關評估內容，包括：特殊需求幼兒的基本現況、需求評估、學期與學年目標的訂定、特殊教育及相關支持服務與進行的方式，以及轉銜輔導等。

在融合幼兒園中，教保服務人員與巡迴輔導的特殊教育教師及相關專業團隊成員，視幼兒身心障礙狀況，以相互專業諮詢的方式提供相關專業服務。在此相關專業諮詢平臺上，融合幼兒園教保服務人員是整個個別化教育方案的主要執行者與學習資料蒐集者，幼兒的個別資料、在融合教育課程與教學的學習歷程、各領域學習表現、特殊教育與相關專業支持服務在融合教育下的執行、觀察與成效評估等，均在教保服務人員與專業團隊成員的合作下執行與評估。

第二節　在融合班級中實踐個別化教育計畫擬定的學習目標

依據《特殊教育法》第三十一條規定，學校須以專業團隊的方式，爲具有特殊需求之幼兒訂定個別化教育計畫[2]（教育部，

---

[2] 《特殊教育法》第三十一條

(1)高級中等以下學校應以團隊合作方式對身心障礙學生訂定個別化教育計畫，訂定時應邀請身心障礙學生本人，以及學生之法定代理人或實際照顧者參與；必要時，法定代理人或實際照顧者得邀請相關人員陪同參與。經學校評估學生有需求時，應邀請特殊教育相關專業人員參與個別化教育計畫討論，提供合作諮詢，協助教師掌握學生特質，發展合宜教學策略，提升教學效能。

(2)身心障礙學生個別化教育計畫，應於開學前訂定；轉學生應於入學後一

2023）。個別化教育計畫的內涵，應依照《特殊教育法施行細則》第十條之規定，包含：幼兒能力現況、家庭狀況及需求評估；幼兒所需之特殊教育、相關服務及支持策略；學年與學期教育目標、達成學期教育目標之評量方式、日期及標準；具情緒與行為問題幼兒所需之行為功能介入方案與行政支援，以及幼兒之轉銜輔導及服務等五大項目（教育部，2023）。幼兒園每學期至少應召開一次個別化教育計畫會議，主要在檢視幼兒學期或學年教育目標的學習情形。

一、幼兒能力現況、家庭狀況及需求評估

幼兒園教師依幼兒接受鑑定時的施測評量及綜合評量報告等資料，整合幼兒在幼兒園中經幼兒園教師平日的非標準化評量結果，統整出幼兒目前的能力現況、家庭狀況，經專業團隊討論後評估出幼兒的優勢與弱勢能力，進而分析幼兒所需的特殊需求。

二、幼兒所需之特殊教育、相關服務及支持策略

根據上述特殊需求之評估，針對幼兒在融合班級中，順利達成學習與生活適應所需要的相關技能（例如：語言溝通、社交技能、生活自理等），統整建立此等技能需接受的特殊教育與相關專業服務的內容、需服務的時間長短與每學期提供的次數、實施方式及支持策略

個月內訂定；新生應於開學前訂定初步個別化教育計畫，並於開學後一個月內檢討修正。

(3)前項個別化教育計畫，每學期至少應檢討一次。

(4)為使身心障礙學生有效參與個別化教育計畫之訂定，中央主管機關應訂定相關指引，供各級學校參考；指引之研擬過程，應邀請身心障礙者及其代表性組織參與。

(5)幼兒園應準用前四項規定，為身心障礙幼兒訂定個別化教育計畫。

等。提供的服務方式可分爲直接服務或間接服務，茲分述如下：

（一）直接服務

直接服務可藉由個別治療或訓練與入班協同教學等方式提供。經過個別化教育計畫評估，有些幼兒需要以抽離原融合班的方式，接受個別介入治療或訓練，由巡迴輔導特殊教育教師或相關專業團隊治療師（職能治療師、物理治療師、或語言治療師）提供特殊教育或相關專業服務；有些幼兒則可由巡迴輔導的特教教師或相關專業團隊治療師入班，與融合班教師或教保服務人員商討協同教學的執行方式。

（二）間接服務

間接服務可由融合班教師與特殊教育及相關專業人員建立諮詢平臺，透過互相專業諮詢的方式找到支持服務的策略。在此諮詢平臺上，融合幼兒園教師及教保服務人員提供融合幼兒園中的課程、教學、主題活動、一日作息，以及平日觀察記錄與親職互動內容和經驗等資訊；巡迴特教教師及相關專業人員，根據幼兒在融合班學習與適應所需的相關重要技能，提供教學、介入、評量，以及相關輔具使用等特教與復健相關專業資訊。巡迴輔導的特教教師及相關專業治療師透過此諮詢平臺之專業交流，間接提供特殊需求幼兒特殊教育與相關專業服務。

三、學年與學期目標、達成學期教育目標之評量方式、日期及標準

經個別化教育計畫之專業團隊的資料彙整與討論，針對幼兒在融合班的特殊需求，訂定學年或學期目標，以及達成目標的標準。幼兒是否達到學年與學期目標的標準，需要透過多元及多次形成性評量的

方式，在幼兒園的不同情境中進行多元評量，以瞭解幼兒在達成各項目標的學習歷程，以及達成目標所需要的支持。最後，由融合班教保服務人員與其他專業團隊成員彙整幼兒的學習歷程與學習成果、家長與幼兒的想法與期待，透過個別化教育計畫會議討論目標是否達成、如何修正調整、或達成目標所需要的輔具，或相關支持服務的配合等。

四、具情緒行為問題的學生所需之行為功能介入方案與行政支援

特殊需求幼兒有可能因全面性發展遲緩、特定障礙因素（如：自閉症或注意力缺陷及過動等）、或其他外在因素（如：家庭教養或環境因素等），使得其在融合班的不同情境下出現情緒行為問題，融合班教保服務人員與專業團隊成員需在其個別化教育計畫中，針對該幼兒的情緒行為進行行為功能分析。行為功能分析的主要目的，為藉由情緒行為問題在不同情境下的觀察記錄，針對幼兒的情緒行為本身與外在環境或幼兒內在意圖間的關聯性進行分析，進而找出幼兒情緒行為可能的原因。幼兒情緒行為背後的原因，即為幼兒行為功能。

以某位幼兒在轉銜時間「哭鬧」行為為例：

（一）情境描述

透過情境描述，瞭解行為發生的情境、頻率或強度。經教保服務人員觀察，幼兒哭鬧的行為都發生在學習區活動結束後要進入班級團討的時間。

（二）行為功能分析

1. 如果讓幼兒進入冷靜角落或座位與團討區保持距離，幼兒「哭鬧」行為會減緩而逐漸消失，並開始注意團討的活動內容，但不見得會參與討論。

2. 如果強行將幼兒抱起來加入團討區座位，幼兒「哭鬧」行為會更為嚴重。

3. 教保服務人員與專業團隊成員暫時認定該幼兒「哭鬧」行為功能，很有可能為「逃避需要溝通對話的情境」。

（三）行為功能介入方案與執行策略

1. **計畫**：根據此行為功能分析的結果，在其個別化教育計畫中，訂定行為功能介入方案為調整以「半參與團討」的方式，給予幼兒討論的相關語言溝通支持（如：老師先讓其他幼兒回答，再讓該幼兒跟著說一次回答的內容）。

2. **明確的個別化教學策略**：由語言治療師安排個別的語言治療課程，提供「明確的個別化教學策略」，諸如：「注意聽他人的回答內容再回答」、「團體討論時可使用的語句（例如：我認為……、我喜歡……）」等。

3. **嵌入融合教育環境**：將前述個別指導的溝通策略，應用在融合教育的不同學習情境中，提供「嵌入式學習機會」，以加強討論溝通的語言與溝通技能。

4. **歷程評量**：專業團隊合作，在不同情境中評估幼兒溝通能力的增進，是否顯著減少哭鬧行為，並增強其課程討論的參與程度。

五、轉銜輔導及服務

依據《特殊教育法》第三十六條（教育部，2023），需為特殊需求學生訂定整體性與持續性的轉銜輔導[3]。特殊需求學生的轉銜輔導工作，需依照《各教育階段身心障礙學生與幼兒轉銜輔導及服務辦法》（教育部，2023）辦理。可分為跨教育階段的轉銜與依學習需求辦理轉銜，轉銜資料與服務需透過相關會議討論，並在個別化教育計畫中紀錄與執行。轉銜的內容包括：學生基本資料、目前能力分析、學生學習紀錄摘要、評量資料、學生與家庭輔導紀錄、專業服務紀錄、福利服務紀錄及未來進路所需協助與輔導建議等項。

（一）跨教育階段轉銜

融合幼兒園行政人員每學期需準備接受早期療育服務之發展遲緩或各類身心障礙幼兒入學的相關轉銜資料，融合幼兒園需依照幼兒的相關需求，提供持續性的支持與特殊教育服務。當大班幼兒準備升上國小一年級時，教保服務人員也要負責將該幼兒的特殊教育相關資料，依照期限轉銜至國小端，以保障其所接受的特殊教育服務得以完整與持續。

（二）依個別學習需求轉銜

融合班級中的發展遲緩或身心障礙幼兒，若有學習、生活必要之教育輔助器材及相關支持服務之轉變，教保服務人員也得視需要事先協助學生做轉銜的規劃。例如：發展遲緩或身心障礙幼兒的教保服務

---

[3] 《特殊教育法》第三十六條，為使各教育階段身心障礙學生及幼兒服務需求得以銜接，各級學校及幼兒園應提供整體性與持續性轉銜輔導及服務；其生涯轉銜計畫內容、訂定期程、訂定程序及轉銜會議召開方式、轉銜通報方式、期程及其他相關事項之辦法，由中央主管機關定之。

人員、特殊教育人員、相關專業人員等有變動時，教保服務人員可彙整原有的轉銜內容資料，詳加審視在人員轉換過程對幼兒受教權或相關福利補助的影響，做事前的準備以預防可能的問題與防範措施、專業人員空窗期，或相關支持與資源的流失等。

第三節　明確的焦點行為介入與嵌入學習機會

一、分析特殊需求幼兒的能力現況與家庭狀況

以融合班常見的發展遲緩類別且有自閉症光譜特質的幼兒為例，若融合班教保服務人員在融合課程中，有訂定課綱「語-2-4 敘說生活經驗」與「語-2-5 運用圖像符號」兩個目標在課程與一日作息的活動中，在此目標領域下簡述此位幼兒的主要行為表現如下：

（一）認知能力約比同齡幼兒落後一年。

（二）在班級中有明顯的社會互動與溝通困難。

（三）自閉症光譜特質為無口語能力、反覆著看顏色豐富的圖卡、家庭母語為華語卻常說英文（具自閉症光譜特質者，其對符號關係的記憶或操弄特別敏捷）。

二、需求評估與明確的焦點行為介入與嵌入學習機會

（一）需求評估

經專業團隊合作評估，該幼兒需要語言溝通之特殊教育課程與相關專業服務。

（二）明確的焦點行為介入與嵌入學習機會

　　根據以上特質描述，該生的教保服務人員與特教巡迴輔導老師討論，其個別化教育計畫可列入「語-幼-2-5-1 嘗試以圖像表達想法」為長期目標，加入階段性的短期目標逐步達成。在分工合作方面，特教巡迴輔導老師先設計與生活表達溝通有關的溝通圖卡，並以抽離或平行教學的形式，引導該幼兒學習使用此套圖卡進行溝通。進而，將此套圖卡溝通技巧嵌入於班級的一日作息與課程學習中，引導該幼兒可以在融合班級的不同情境中，透過此套溝通圖卡與教師及同儕互動，由教保服務人員在融合課程與一日作息的不同情境中，做行為觀察與評量的記錄，並將評量記錄記載於該生的個別化教育計畫的短期目標評量項目中。

　　明確的焦點行為介入策略，乃指將學習需求與學習目標的評估聚焦於幼兒在融合教育場域中，運用特殊教育的各種教學策略（例如：工作分析、聽能訓練、溝通訓練、社會故事、行為塑造、行為連鎖、或直接教學法等），給予明確且個別化的教導，並在融合情境中進行形成性評量。例如：本節前段提及的個別化溝通圖卡訓練，並在融合教育不同情境中直接教導個別技能的類化，即屬於融合教育建構模式中的明確個別化教學策略。

第三篇

幼兒園融合教育之課程
設計實務

本書第三篇為幼兒園融合教育之課程設計實務，根據第五章幼兒園融合教育之多層次課程建構，並以全方位通用設計課程之脈絡，說明幼兒園融合教育之課程設計的重點，並舉實例說明課程設計的方法。首先，以第九章融合幼兒園通用設計課程的設計與規劃實務，說明幼兒園融合教育在全方位通用設計脈絡下，多元參與、多元表徵與多元表達之課程設計原則與實務，分別依一日作息與課程設計來分述之；接著，第十章以幼兒園融合教育中的體能活動設計為範例，加入多層次課程建構與通用設計的概念；並於第十一章，舉例說明課程建構、教學設計與學習評量之實務應用。

讀者可以參考本篇之實例介紹，以幼兒園融合班級為脈絡，思考以下問題：

1. 建構幼兒園實務課程與教學活動規劃時，如何依幼兒能力與需求，進行全方位的活動設計？
2. 少數幼兒需要進行課程調整與支持策略的應用時，課程與教學活動該如何調整與支持，以提高課程參與？
3. 如何配合融合班級整體活動之課程目標與學習指標，為班級特殊需求幼兒規劃個別化教育計畫的長短期目標？
4. 課程與教學歷程的執行過程中，如何觀察與評估幼兒對教學的反應，來調整課程與教學活動？

融合幼兒園通用設計課程
的設計與規劃實務
CHAPTER 9

　　本章說明因應融合教育需求，幼兒園各種課程設計下的多層次課程建構。教保服務人員應參考本書第五章融合幼兒園多層次課程架構的課程發展順序，在我國「幼兒園教保活動課程大綱」脈絡下，於融合幼兒園中進行全方位通用學習設計。本章從一日作息的整體班級活動與幼兒園教學活動設計兩方面做說明，並提出實例供讀者參考。

第一節　一日作息中的全方位通用設計規劃

　　一日作息中的整體班級活動的優質內涵，可根據教導學前特殊需求幼兒建構模式的優質教室評估指引（Sandall & Schwartz, 2002/2008），以及目前融合班級的現況進行評估與分析。茲將其內容以活動的分配、活動的內容，以及尊重幼兒主體的規劃與安排三個面向，進行分配與解說如下：

一、一日作息活動分配的多元規劃

　　教保服務人員應透過多元規劃，以增加幼兒對各種素材與活動的多元探索機會。

（一）一日作息活動與環境中的多元規劃

　　一日作息中，教保服務人員應自我檢核增進幼兒對各種素材與活動的可及性之指引。教保服務人員在每日活動與環境規劃中，大方向上應先思考幼兒園中的環境、教具、玩具，以及多樣化的活動規劃分配。可從以下提問做自我檢核，並以之為目標來達成：

　　1. 是否每位幼兒都有機會與不同幼兒遊戲，或使用不同的教學素材？

　　2. 是否每位幼兒在一天當中，都能參與不同的活動？

3. 是否規劃了多樣性的活動引導？包括：個別、小組、團體等不同形式。

4. 教材教具是否考慮幼兒差異性（如：文化、家庭、年齡，或發展遲緩等）並給予適性調整（如：延長時間、增加視聽覺提示等）？

（二）一日作息活動進行中的多元規劃

教保服務人員可參考以下具體建議，在一日作息中，進行多元活動設計與環境素材規劃：

1. 幼兒在一日作息表定活動中，能包含：個別、小組與團體等活動時間。

2. 幼兒在一日作息中，確保幼兒能有獨立生活自主的時間與活動。例如：如廁、進食、收拾等。

3. 幼兒在一日作息中，規劃有幫助他人或接受他人幫助的機會。

4. 幼兒在一日作息中，有清楚的班級常規指引能遵循。例如：彼此排隊等待、互相提醒、依序做到各種日常規範。

5. 正向的班級經營，透過清楚的規範，使幼兒更自主性地參與多元活動。例如：

(1) 轉銜時間，已經收拾好學習區工具而回到座位坐好的幼兒，可以自願幫忙未完成收拾的幼兒。

(2) 團討時間，除了讓幼兒最先舉手者可以獲得發言的機會，也可經由適當的調整，提高幼兒專注投入的程度。例如：為了提高幼兒的注意力，並讓幼兒好好聽完老師的提問或別人的發言，幼兒必須在老師說出：「請舉手」的指令後（訊號）才立刻舉手。

(3) 幼兒若需要將學習區的書籍或物品拿出學習區，要先跟老師登記，並且負責放回去。

123

6. 鼓勵幼兒與同儕有相互溝通與互動的機會和能力。諸如：引導學習關懷他人的態度與用語；不同情境中的適切溝通與舉止（如：參與或中止活動、借用物品、歸還物品）等；班級常規與公物使用的協調與約定。

7. 尊重與連結每位幼兒的生活經驗。例如：依課程主題與活動的延伸，請幼兒從家中帶特定物品來學校分享（如：喜歡的繪本、寵物或家人的相片、小盆栽等）。

8. 若少數幼兒需要較長時間才能建立班級常規，教師可以給予彈性，並以正向引導與提示方式，或給予幼兒多元參與的學習機會。

二、一日作息活動與遊戲內涵的多元性

規劃一日作息活動時，應考量活動與遊戲內涵的多元性。

（一）多元的活動與遊戲規劃之指引

教保服務人員從以下問題思考，考量多元的活動與遊戲規劃：

1. 是否規劃讓幼兒在有意義的情境中學習？

2. 是否讓幼兒能從一日作息的活動或遊戲中，進行探索、計畫、執行？例如：若幼兒找不到某項學習或生活物品時、班級中很多同學生病時、連假中，班級的小動物或農作物無人照顧時等不同的情境中，提供問題解決的機會教育。

3. 是否每日都有帶領幼兒進行戶外探索？

4. 教保服務人員是否每日都有為個別或小組的幼兒讀故事書？

（二）促進一日作息中課程內涵的多元性

除了正式課程外，一日作息中的學習內容，是可以透過觀察、測量，或是教學檢討會議、焦點會談等，評量出幼兒在各領域的表現與

進展。

1. 鼓勵幼兒參與需要共同合作的活動，促進幼兒彼此互動與溝通。教保服務人員可隨時觀察幼兒在活動中的溝通技能與社會情緒發展情形。

2. 以遊戲、戲劇、角色扮演、實際操作等活動，促進幼兒運用大肢體、小肌肉，以及平衡感的統整與協調。教保服務人員可隨時觀察與評估幼兒的身體動作發展。

3. 嘗試使用各種教學素材，讓幼兒能從活動中運用到視覺、聽覺、觸覺、嗅覺與味覺等不同感官體驗。教保服務人員可隨時觀察與評估幼兒的感覺統合發展。

4. 每一項工作活動中，搭配一種背景音樂。訓練幼兒將特定背景音樂與特定活動作連結，當幼兒聽到該音樂後，就會自動進行該活動。

5. 若少數幼兒需要進一步的引導與提示，以各種視聽覺訊息、手勢或簡單手語，做差異化或個別引導。

6. 實例參考

(1) 聲音節奏提示：學習區至團討時間的聲音提示

持續30秒內，維持拍三拍的節奏，代表開始收拾。ＸＸＸ（拍三拍）○○（間隔2秒）──ＸＸＸ（拍三拍）○○（間隔2秒）。

(2) 手勢提示：如以「等一下」或「動作快」等手勢，做個別行為提示。

三、尊重幼兒為主體的規劃與安排

（一）尊重幼兒為主體的規劃指引

教保服務人員考量以下指引，使幼兒的主體性在一日作息中獲得重視：

　　1. 教室環境是否陳列、擺設幼兒的原創作品（如：藝術作品、手寫作品、故事等）？

　　2. 是否安排屬於幼兒成長背景的多元分享？如：不同文化、習俗、飲食、節慶、家庭生活或職業等。

　　3. 幼兒及其家庭對於學校環境是否感到安心與安全感？例如：知道幼兒在班級中，不會因為個人差異性（如：說話腔調、傳統穿著、想法、遊戲方式、成長速度等）而被歧視。

（二）尊重幼兒主體性的實際作法

　　教保服務人員不論在課程活動設計、班級環境規劃，乃至於班級氣氛的經營，都要尊重幼兒的主體性，以幼兒及其家庭為中心。

　　1. 尊重幼兒的想法理由、原創設計，正向引導幼兒表現其原創與自信。

　　2. 因應個別幼兒因其文化、年齡、性別或發展等差異，調整課程與教學活動，滿足個別需求。

　　3. 營造一個友善與利社會的教室氛圍，師生互動上會使用正向表達溝通、互相合作、彼此支持，讓每一位幼兒在教室環境中有安全感與歸屬感。

　　4. 實例說明

　　凱茹的媽媽是護理師，常常要排大夜班。所以，早上多是由爸爸或阿嬤送來學校。某日凱茹由媽媽帶來學校，到校時間比平日晚了1小時，來到教室正好看到幼兒們已經在戶外進行大肢體的活動。凱茹的老師藉此機會，與凱茹媽媽做簡單的親師溝通，帶領凱茹媽媽參觀幼兒們彈性的課程活動學習單、清楚的班級常規指引、教室環境與遊戲設施器材使用動線說明、幼兒學習區裡充滿每位幼兒的作品與想法等，更讓她驚喜的是，班級幼兒與教師之間相互支持、友善互動。教保服務人員透過尊重幼兒主體性，與凱茹媽媽搭起良善的親師關

係，凱茹媽媽對幼兒園感到信任，讚賞老師在班級經營上的專業性，深信凱茹可以得到很好的學習成長經驗。

第二節　教學活動的全方位通用設計規劃

全方位通用設計課程在應用上，亦是從多元表徵、多元參與，以及多元表達三個多元面向，規劃課程設計的通用性。以下從此三個面向，歸納整理在幼兒園中課程與活動設計的實務考量（Center for Applied Special Technology [CAST], 2023b）：

一、多元表徵的課程活動設計

（一）多元表徵的課程活動設計列舉

進行多元表徵的課程活動設計時，教保服務人員考量幼兒不同能力、興趣、學習風格等，提供多元表徵的課程活動設計，包括：多感官表徵、多語言表徵、多元的讀寫與學習引導方法等。詳細說明如下：

1. 兼顧幼兒不同能力、興趣與學習風格的多元表徵課程設計。
2. 多感官的呈現與支持調整，例如：視覺提醒或聽覺提醒。
3. 提供適合的語言表徵。
4. 支持幼兒讀寫發展的媒材與活動。
5. 使用多元的學習引導。

各種多元表徵的使用時機與舉例，如表9-1。

表9-1

課程活動設計多元表徵的應用時機與舉例

多元表徵種類	多元表徵方式與時機	活動舉例
不同學習風格或興趣	1. 團體討論說明：在團討時，做清楚的口頭說明，根據學習風格及興趣引導幼兒參與及回答。 2. 提問策略：以鷹架對話提問方式，可促進幼兒思考以加深印象。 3. 延伸課程活動：依能力、興趣與學習風格，給予不同任務，並促進合作學習。 4. 以幼兒的不同風格與興趣，在班級中展現示範與分享討論。	在動物園戶外教學活動中 活動一：團體討論 教保服務人員透過團討，引導幼兒認識發現自己的風格與興趣，例如：在與動物有關的話題上，有些幼兒閱讀了許多動物相關的繪本、有些幼兒很喜歡模仿動物的型態與聲音、有些幼兒非常瞭解特定動物的生態與習性等。教保服務人員透過團體間的提問、示範、澄清、說明等不同技巧，引導幼兒從不同面向就相同內容（動物主題）進行討論。當幼兒在討論中有充分參與，且教保服務人員嘗試引導幼兒做不同形式的動物主題分享後，就可在表達與分享的過程中，瞭解其風格與興趣。 活動二：看動物園影片與討論 觀看「動物們的小怪癖？氣味用途大不同」（影片來源：臺北市立動物園）的影片後，進行鷹架對話提問，以對話、提問、鷹架等策略，引起幼兒的興趣。 教保服務人員：「從剛才的影片中，我們發現各種動物有不同的特殊習性，影片裡提到哪些習性？」（回憶影片的內容） 幼兒1：「在樹幹磨屁股。」 幼兒2：「隨便噴尿和噴大便。」 教保服務人員：「在學校或是在家裡，你尿尿或大便後，要把大便和尿尿怎麼樣？」（連結生活經驗，引起幼兒感受） 幼兒：「按馬桶沖掉。」

多元表徵 種類	多元表徵方式與時機	活動舉例
		教保服務人員：「如果忘記沖掉，會怎麼樣？」 幼兒：「臭氣沖天、很噁心……」 教保服務人員：「在動物的世界，臭的尿尿和便便是很有用處的，用馬桶沖走實在太可惜了。那請你們回想一下影片的內容，動物為什麼要到處噴尿尿？」（擴展與延伸） 幼兒：「讓別的動物聞到會來找牠。」 教保服務人員：「對！讓不同性別的動物來找牠。牠們在吸引異性，才能生寶寶。」（確認與延伸） 活動三：延伸活動——參觀動物園戶外教學 事先分派引導幼兒，在動物園參觀活動中，依幼兒學習能力、風格、興趣等，蒐集各種媒材，以利回到班級後進行討論與分享。 分派任務，分頭蒐集不同形式的動物園資料，包括：「文字說明」、「寫生」、「拍照」、「錄下動物的叫聲」、「模仿動作」、「以顏色想像動物性格」、「以光影反應習性」，以及介紹跟動物有關的電影或故事等。
多元的環境與活動規劃	1. 各種材料對照正確的使用方式。例如：塗抹膠水、使用剪刀、擠壓水彩等的使用圖片。 2. 注意安全的醒目圖示。例如：遞交剪刀給同儕、拿取美工刀等的安全示範圖片。	（接續前一活動） 活動四：延伸活動——學習區任務 以學習區，區分活動任務： 1. 美勞區：圖片、色彩、各種媒材組合（羽毛、動物圖片、食物、說明等）。 2. 扮演區：動物小習性的想像與模仿。 3. 語文區：照片說故事形成繪本，促進讀寫的活動引導。

129

多元表徵種類	多元表徵方式與時機	活動舉例
	3. 工作流程圖：將說明步驟搭配圖片，呈現每一個步驟要做的重點。 4. 以心智圖視覺化不同活動間的關聯。	4. 其他：教師可依照班級環境空間與學習區之規劃，自行增加設計。

（二）多元表徵的課程活動設計實例參考

教保服務人員為增進幼兒對語言聲韻的敏感，搭配幼兒園教保活動課程大綱，設計多元表徵的活動範例：

1. 領域選擇

指教保服務人員預計在某項活動中，選定認知領域與語文領域中的兩項學習指標，作為此課程之學習與評量的重點。

2. 依幼兒能力現況，選擇學習指標

「語-中-1-2-2 知道語音可以組合」，以及「認-中-1-3-2 以圖像或符號記錄生活物件的多項訊息」。

3. 活動或遊戲設計

(1) 以三個「詞彙」搭配「圖卡」，進行「聲音注意聽」的遊戲。三個詞彙與圖卡分別是「蛋塔」、「燈塔」、「頭髮」。

(2) 幼兒的任務是在這三個詞彙圖卡中，找出「後面的聲音聽起來不一樣的圖卡」。

(3) 教保服務人員進而以注音符號標注「塔」與「髮」兩個字，其中「塔」的「ㄊ」及「髮」的「ㄈ」以藍色標注，聲音下面的「ㄚ」則統一以黑色標注，如「ㄊㄚ」與「ㄈㄚ」。

(4) 引導幼兒觀察並理解語音的注音符號標音關係，再增加遊戲

的變化、詞彙數量，以及練習的次數，教保服務人員在多樣性的遊戲活動與詞彙情境下，進行觀察與記次的評量。

二、多元參與的課程活動設計

多元參與的課程活動設計，讓幼兒在有意義的情境下學習，以及促進幼兒建立自我規律以提高參與程度，其課程與教學活動的設計、應用時機與舉例，如表9-2。

表9-2
課程活動設計多元參與的應用時機與舉例

多元參與面向	多元參與方式與時機	舉例
有意義的學習內容	教師設計多元課程，兼顧幼兒的興趣、發展、與生活經驗連結等多元性。	1. 團體討論時，根據班級幼兒的興趣與能力，加入討論話題，增進幼兒參與討論的投入程度。例如：跟幼兒討論男生跟女生的異同時，取材幼兒們近期最常翻閱的繪本故事主角，根據主角的外型、性格、角色、興趣等，與幼兒進行比較。 2. 在學習區活動的語文創作活動中，從幼兒的觀點引導幼兒進行內化與展現。例如：在一個故事情境下引導幼兒以口語的方式，進行角色扮演，說出不同角色的對話內容。再由教師幫忙記錄下來，形成故事轉化為戲劇表演的劇本臺詞。
建立自律能力促進幼兒主動參與	引導幼兒建立自我學習的能力，亦即引導幼兒學習思考活動內容與正確參與的方式。	1. 學習內在語言：教保服務人員以提問方式，協助幼兒建立內在提示步驟的聲音。例如：教保服務人員：「當你聽到老師說可以舉手前，你可以做什麼？」幼兒：「注意聽，等老師說

多元參與 面向	多元參與方式與時機	舉例
		『請舉手』！」教保服務人員： 「不可以做什麼呢？」幼兒：「不可 以先舉手」、「不可以說出來」。 （此過程幫助幼兒注意上課指令，並 遵守團體的活動規則） 2. 在合作完成任務的活動中，引導幼兒 依其能力或興趣等，透過合作學習完 成不同的學習任務。例如：在合作製 作戶外教學通知單的合作學習中，年 紀較大或讀寫發展較好的幼兒，負責 統整文字相關訊息；年紀或發展程度 中等者，以圖畫排列行程；具有藝術 天分的幼兒負責版面設計，並加上小 裝飾；年紀幼小或發展遲緩幼兒，負 責將通知單折疊並分類放好。

三、多元表達的課程活動設計

　　融合幼兒園的環境中，幼兒對各項活動會產生內在感受及外在表達兩個部分，教保服務人員運用多元的課程設計引導幼兒展現並多元表達，進而根據幼兒內在與外在表現，評估幼兒是否進行有意義的學習，並達到理想的發展與進步進程。教保服務人員最常引導幼兒進行學習成果表達的方式，包括：團討時請幼兒口頭分享自己的作品、教室中規劃作品展示區，以及幫助幼兒製作個人檔案集錦。在通用設計課程中，幼兒可以表達的方式更多元，教保服務人員應兼顧幼兒之學習歷程表現與學習成果表達兩個部分，記錄幼兒的學習成果，所記錄的內涵即為幼兒學習成果的評量資料。

（一）學習歷程的多元評量

學習歷程的評量可藉由動態評量[1]或實作評量的資料中，從中瞭解幼兒內在成長歷程與外在成果的展現。

1. 在動態評量中實踐差異化支持策略

在動態評量的過程中，幼兒在活動任務中遇到困難，可即時獲得教保服務人員的引導。教保服務人員亦是在提供動態支持的歷程中，依據課程活動所選取的學習指標，評量幼兒在支持後的能力表現。此評量方式，可顯示幼兒在不同活動中所遇到的困難、找到適合的支持策略，以及各項學習指標項目上的發展潛能。

在動態評量的歷程中，教保服務人員評估幼兒學習需求，進行差異化的課程調整，給予幼兒適時適切的引導與提示，故每位幼兒所獲得的引導與提示並不盡相同，因此，可從評量歷程中發現幼兒的內在差異與最佳表現。

2. 實作評量

教保服務人員從課程與教學的歷程中，給予幼兒充分的操作與實作的機會。例如：從植物栽種、照顧植物、觀察植物的生長、收成，乃至於將植物轉化為食物的歷程中，幼兒從做中學，依照教保服務人員的指示流程與提示，完成各項活動的認知、動作與技巧，並從中表現社會溝通、同儕合作、情緒、與美感等內在歷程。教保服務人員依據幼兒園教保活動課程大綱之學習指標，在實作歷程中進行評量。

---

[1] 「動態評量」是指在學習歷程中，當學習者遇到困難時，指導者根據學習者的能力與潛能，給予適切難度的鷹架支持，例如：明示、暗示、或指導，評量者從而記錄幼兒在支持下，朝著學習目標的學習進步情形與學習成果。

（二）學習成果的多元評量

學習成果的評量可以包括：教了一個段落後的總結性評量活動的觀察記錄、教保服務人員的省思，或是幼兒的學習檔案資料。

1. 總結性評量活動的觀察記錄

總結性評量活動的觀察記錄也是幼兒園教保服務人員最常進行的課程活動，其活動歷時長短依教學活動設計而不同。評量活動可以是教保服務人員在幼兒午睡醒來點心時間後，利用一個團討的活動，請幼兒分享今日的活動心得或作品；也可以是數日或數週後，針對一個大的活動結束後進行的多元分享活動，諸如：美勞作品觀摩、飼養或栽種的動植物之成長記錄、自製小書的分享、方案海報的發表等。

2. 教保服務人員的教學省思

教保服務人員進行教學省思的主要目的為瞭解幼兒對教學活動的反應情形，進而根據幼兒的反應，設計或修正下一階段的教學活動。教學省思除了是個別教師的教學省思記錄外，也可以是教保服務人員間的定期教學討論會議。

(1) 個別省思

個別省思主要是幫助教保服務人員透過自我教學檢討與教學記錄，瞭解自我教學活動的設計、教學技巧的執行、教材教具的使用等，是否能引導每位幼兒都朝著學習目標進行有意義的學習？有哪些幼兒的學習表現不如預期？他／她們需要什麼樣的課程調整或支持？等。

(2) 教學討論會議

教學討論會議中的教學省思，則是教保服務人員間定期召開的教學檢討會議，該會議以教學評量為目的，教保服務人員分享自己在一段時間內的幼兒學習觀察，以課程學習指標為主軸，一一討論幼兒朝向各領域學習指標的達成情形如何？若已達成，是否設定新的學習指標？若有部分幼兒無法達成，該如何在下一階段的教學活動中給予動

態即時的支持？如何分工合作幫助少數需要較多支持的幼兒？如何分工觀察下一階段的幼兒學習？如何分工進行特定幼兒的支持？等。

3. 幼兒的學習檔案資料的評量

　　幼兒的學習檔案應以幼兒各領域學習指標爲主軸，進行學習檔案資料的整理。整理的內容包括：整體幼兒達成各領域學習指標的質性或量化記錄資料，以及佐證幼兒達到該學習指標的相關資料。相關資料可包含：作品、作品照片、學習歷程照片或錄影資料等。

幼兒園融合教育之多層次
課程活動設計：以多層次
的體能活動課程設計為例
CHAPTER 10

　　本章介紹幼兒園融合班以「幼兒園教保活動課程大綱」為藍圖，以幼兒園每日都要進行之體能活動課程設計為例，進行多層次的課程規劃與教學設計。融合幼兒園教導幼兒活動課程設計與評量之執行時，固然以身體動作發展引導為主，教保服務人員須充分瞭解幼兒身體動作之發展歷程，以及在不同歷程上的學習需求，此外，仍須考慮六大核心素養的培養與跨領域之整合。同時，以幼兒為中心，設計學前幼兒園多層次的課程與教學設計。本章分為兩節，第一節統整幼兒身體動作發展、課程與教學的引導，以及發展遲緩或身心障礙幼兒的身體動作發展特質。第二節說明融合教育下，多層次體能活動課程的設計與規劃重點。

第一節　幼兒身體動作發展

一、幼兒身體動作發展的內涵與歷程

　　身體動作發展從嬰兒、學步兒、幼兒、兒童，乃至於青少年至成人時期，有不同的階段歷程，依次為出生前2週的「反射時期（reflexive period）」，嬰幼兒對外在環境有特定的刺激—反射的連結，如：觸碰嘴唇—吸吮反射；2週至1歲之間的「前調適時期（preadapted period）」，嬰幼兒開始建立手眼協調的能力以萌生簡易的手腳對外物的抓取或玩弄，如：伸手抓握奶瓶、發聲物等；1至7歲的「基礎動作技巧時期（fundamental motor skills period）」，發展更精細的動作技巧，如：生活自理或工具使用的精細動作技巧，包括：扣鈕扣、拉拉鍊、使用餐具、美勞用具等，以及身體位移及大動作技能，如：走、跑、跳、丟、接、踢等；7至11歲的「特定情境下動作階段（context-specific motor skill period）」是動作與身體技巧的精緻化階段，以及11歲以上的技巧性動作。

138

　　在發展的歷程中，吾人可以直接觀察粗大動作與精細動作的成長，建立在肌肉骨骼的生長及其與其他感官系統的連結合作，包括：早期成長的嗅覺與味覺，以及Ayres的視覺、聽覺、觸覺、平衡覺和本體覺之五大感官的統整，進而促成嬰幼兒在各階段學習探索、社會互動、語言溝通、遊戲建構，乃至於美學感知的全面發展（宣崇慧，2022；Favazza & Siperstein, 2016）。

　　整體而言，身體動作發展是全面性的，包括：縱貫性的發展時序歷程及橫跨不同生長領域的發展。嬰幼兒早期的身體動作發展遲緩或障礙，會影響後續各領域的發展與學習，需要積極的早期療育和及早介入預防。

二、幼兒身體動作發展遲緩的特質

　　早期的身體動作發展遲緩或障礙，會影響其後段的發展歷程，也會擴及其他各領域的發展，如：「前調適期的手眼協調」障礙會導致後階段的「基礎動作技巧」發展遲緩，也會影響其他各領域的發展（Favazza & Siperstein, 2016）。嬰幼兒早期身體動作發展遲緩或障礙，手眼協調與手部動作操作顯得笨拙，因而常常打翻、碰撞、推倒或弄傷自己及他人，動態活動無法跟上同儕以配合各種遊戲。若未充分指導誘發幼兒在融合班中的重要活動技能，即安排幼兒融合參與相關活動，會讓幼兒遇到挫折而影響其課程參與、生活適應與自我學習效能。若過度保護，則會使其對外在探索的機會受阻，各種動作技巧的嘗試與練習、參與同儕的遊戲與建構、與同儕溝通等各方面的參與機會降低。

　　不同情況的身心障礙也會影響身體動作發展遲緩或異常，導致其在幼兒園課程之認知、語言溝通、社會情緒等不同領域與正常一日作息中的生活自理表現落後。例如：有自閉症光譜之幼兒因社會溝通

能力弱，缺乏觀察他人動作技巧的機會與社會溝通的練習機會，而無法進行社會溝通相關的動作模仿；全面性發展遲緩的幼兒，則有身體肌肉、體適能、精細動作操作等能力發展遲緩現象，導致在認知探索、工具使用與生活自理等各方面的課程參與及適應困難。值得注意的是，外在環境刺激的剝奪，如管教上刻意限制身體動作活動、特殊境遇或低社經家庭資源匱乏等，也會影響幼兒身體動作的正常發展（Favazza & Siperstein, 2016）。

　　促進幼兒身體動作發展以預防身體動作發展遲緩帶來的負面影響，一方面應在融合教育的情境創造多元與支持性高的環境，同時也要依據個別需求，增加身體動作技能而有機會在融合教育之不同情境中，引導幼兒有探索與嘗試的機會，並從中建立正向社會情緒與自我效能。

第二節　跨領域體能活動課程的設計與規劃重點

　　幼兒園融合教育在課程教學設計方面，仍須兼顧多重的核心素養及跨領域學習指標的選定；也須以幼兒學習需求為中心，進行多層次的體能活動設計，給予學習中的幼兒不同層次的支持。

一、跨領域的學習目標

　　幼兒園中的體能活動，除了促進幼兒身體動作與健康發展外，也應加入其他學習領域指標，引導幼兒在體能活動課程中，統整認知學習、與他人溝通合作、在競爭活動中學習情緒控管，或是引導幼兒欣賞動態活動中力與美的展現。

二、課程活動設計與幼兒能力評估

活動進行的前、中、後時段，幼兒均有不同的學習任務（如圖 10-1），教保服務人員應將此學習任務規劃在活動中，做跨領域的活動規劃與學習評量。說明如下：

（一）活動前

在活動前，教保服務人員應先做重要事項與常規說明，包括：環境規劃與活動範圍、教材教具使用方法、活動規則說明。幼兒的任務包括：

1. 能夠專心聆聽相關規則。
2. 理解遊戲規則的符號或文字。
3. 遵守行為規範。
4. 理解相關器材的使用方法與活動動線的訊息等。

（二）活動中

活動進行中，除了依課綱的學習指標，逐步引導幼兒發展各種姿勢、動作、技巧、移動、體適能外，在遊戲過程當中，教保服務人員要掌握活動動線的進行、幼兒的安全、將身體動作與各種故事／音樂／情感等意念結合與展現、活動中的情緒表現等。幼兒學習任務包括：

1. 須從活動中發展各種體能活動技能。
2. 學習遵守活動動線的規範。
3. 記得並遵守遊戲規則。
4. 注意安全且不受傷。
5. 在遊戲過程中管理自己的情緒。
6. 互相合作、照顧與尊重。

（三）活動後

　　體能活動的尾聲，教保服務人員帶領幼兒做下一個課程活動銜接準備，幼兒須從活動中學習體能活動後的肌肉放鬆動作技能與程序、舒緩情緒，以及協助整理環境等。以體能活動結束後的銜接活動為例，應包括：

1. 收操以舒緩緊繃的身體肌肉與高亢的情緒。
2. 情緒調節策略（例如：以口訣或唱歌引導）。
3. 一同收拾整理環境。
4. 注意力轉換。

圖10-1
體能活動之課程活動進行歷程

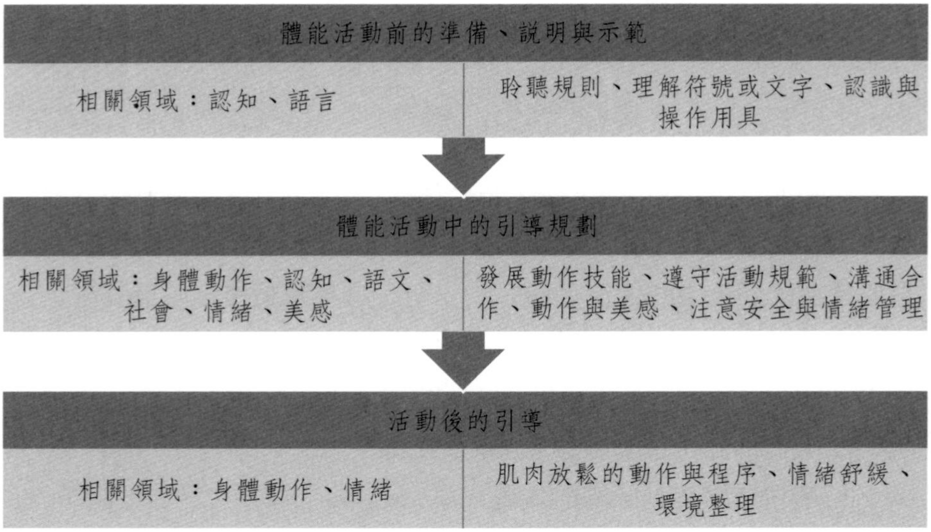

體能活動前的準備、說明與示範	
相關領域：認知、語言	聆聽規則、理解符號或文字、認識與操作用具

體能活動中的引導規劃	
相關領域：身體動作、認知、語文、社會、情緒、美感	發展動作技能、遵守活動規範、溝通合作、動作與美感、注意安全與情緒管理

活動後的引導	
相關領域：身體動作、情緒	肌肉放鬆的動作與程序、情緒舒緩、環境整理

🐟第三節　幼兒體能活動之多層次的課程設計：以體能活動為例

　　幼兒園融合教育之多層次的課程設計理念，說明於本書第五章，包括：1.優質幼兒教育方案之全方位通用的課程，創造幼兒的參與機會；2.藉由課程調整或支持策略提高幼兒參與與學習的機會；3.重視個別化的需求提供特殊教育教學策略，並嵌入於融合教育的各種情境中以增加學習機會。以下進一步說明多層次的體能活動的課程設計。

一、優質幼兒教育方案之全方位通用的課程

　　教保服務人員進行體能課程活動設計時，以通用設計課程之概念，提供多元的表徵、參與，以及表達的課程活動，提高所有幼兒參與活動的機會。

（一）多元參與的體能活動課程設計

　　促進體能活動的多元參與，教保服務人員須考量幼兒參與活動的差異性，並協助幼兒在參加活動過程中的投入程度。

1. 幼兒參與體能活動的差異性

　　教保服務人員依不同幼兒體能發展的情況、幼兒的體型、平日運動量、運動的動機、習慣、與喜好的體能運動類型等，設計不同難度、參與方式，讓幼兒根據個人特質，經由不同參與選擇，達到學習目標。

2. 協助幼兒專心與投入於各項活動中

　　教保服務人員考量上述情形，尊重幼兒參與之多元性、自主性，但也要考慮以下重點，以增進幼兒參與過程的品質，並協助老師便於在活動中進行觀察與評量：

143

(1) 難易適中：幼兒從各種體能動作中，得到適度的練習與挑戰性。

(2) 促進參與：評估幼兒在活動中，是否積極投入並達到預期的進步。

(3) 多元表達：記錄幼兒活動歷程中，採用什麼方式、如何達成、運動精神表現等。

(4) 學習回饋：競賽性質的活動安排，提供不同支持，協助幼兒達成目標，並訂定不同獎勵措施，在達成目標後給予立即回饋。

（二）多元表徵的體能活動課程設計

體能活動前的多元表徵活動設計上，教保服務人員思考各方面多元表徵的可能性。多元表徵包括以下原則：

1. 清楚傳達規則以引起幼兒注意

明示規定是正向支持的基本原則。教保服務人員要清楚說明需要幼兒做到的事項，也要清楚列出幼兒不可以做的事情。清楚列出需要做的活動的方法，包括：條列式、次序等，例如：先依地線走→上下獨木橋→摘下果子→合作搬運→架橋過河→任務達成。以安全考量及遵守遊戲規則為主的規範，並附帶違反規定會有什麼結果與處置。舉例如下：

(1) 清楚明示活動工具或器材的使用方式與安全原則，包括：正確的操作方式，以及不安全及不正確的操作方式。

(2) 不推撞，推撞會失去平衡而跌倒。

(3) 不能超過界線範圍，超出界線要重新開始。

(4) 與幼兒約定，若沒做到基本原則規定，會有的處置方式，如：停止參與5分鐘。

2. 多感官呈現幫助幼兒記住並遵守活動規則

活動規則以多感官呈現，除了口頭提醒幼兒注意聽老師的說明，

亦需要配合視覺字卡與圖卡呈現。配合動作、口訣、歌謠，讓不同感官優勢、不同年齡階段的幼兒都容易遵守。

（三）多元表達的體能活動課程設計

體能活動尾聲，教師帶領幼兒進行肌肉舒緩與情緒恢復，教保服務人員鼓勵幼兒在最舒適的教室環境與氣氛下，進行肌肉舒緩與情緒的放鬆。進而，教保服務人員引導幼兒表達對於今日體能活動的歷程回想、自我表現評估，以及引導幼兒表達身體的感受等。教保服務人員不斷鷹架支持幼兒，進行口頭說明或肢體表現等不同方式與不同複雜程度的表達。

二、差異化的體能課程調整

當幼兒在前一階段的全方位通用課程中，活動設計即便考量了多元表徵及表達的設計，於進行各種體能活動時，部分幼兒仍因本身或環境中的障礙，需要進行課程環境調整或教學中的支持。教保服務人員藉由課程調整或支持策略提高幼兒參與及學習的機會，並提供差異化的體能活動課程與教學設計。

教保服務人員評估此等幼兒需要支持的部分，給予適當的協助。可就體能活動中，幼兒可能發生的困難與支持需求，分別從環境硬體設備、教學與教材及人力支持三方面的差異化，來思考課程調整的方法。

（一）環境硬體設備調整

若幼兒無法記住口語說明的流程時，教保服務人員可在教室環境規劃上做調整，諸如：

1. 增加流程安排的次序感

以地墊、疊包、國旗等實物，作為遊戲流程的次序，幼兒學習遵循遊戲的程序與每一種活動或遊戲中的規則順序，才能順利過關並進入下一個關卡。

2. 將遊戲規則說明以字卡或圖示提供清楚的多感官提示

利用「字卡一圖卡一打卡提示系統」或「按鍵一語音提示系統」等，促進幼兒可透過操作一回饋的活動，在活動中獲得明確清楚的視覺、聽覺、觸覺、動作回饋等多感官的提示，使幼兒可在此提示下，進行適當的活動或正確的流程。

（二）體能活動教學與教材的差異化調整

若幼兒在體能活動中，容易受內外在因素干擾，而未能達成遊戲目標、未能遵守遊戲規則、分心、突然被其他有興趣的活動或其他物品吸引等，而影響其參與，教保服務人員須在教學活動中調整遊戲引導的方式，促進幼兒的參與。列舉教學技巧如下：

1. 以關卡遊戲加強遊戲規則的遵守需求

關卡遊戲所規定的遊戲規則順序，是透過完成前面的關卡才能進行下一個活動。教學者藉由闖關，使遊戲順序與規則的要求可更清楚制定。

對於常無法遵守既定遊戲程序與規則的幼兒，教學者以闖關任務或故事序列性，取代直接規範的程序。每位幼兒須在遊戲中一一闖關，或順著故事情節，幫助幼兒遵循遊戲規則並參與配合遊戲動線的進行。

2. 以競賽或計分增加幼兒專注參與的程度

若幼兒在進行體能活動時，因不專注、個人興趣、能力等因素，而表現不專注、馬虎應付等態度，教保服務人員在課程活動中加入變化，如以分組計分制，引起幼兒對於各項表現的用心程度；變換活動

類型，諸如：「跑步」、「爬行」、「單腳跳」、「兩人以上輔助移動」等方式，進行單純的身體移動或增加難度的搬運活動；亦可在活動中加入故事情節，例如：搬運活動中，以「小螞蟻搬食物」的情節套入活動中，藉由故事趣味增加幼兒的參與和投入程度。

3. 提供多層次的難度與複雜度

若部分較年幼或發展遲緩幼兒，因活動難度、複雜度、對於動作完成的要求生疏等原因，導致參與時遇到困難而影響整體活動的一致性與順暢性，教保服務人員需調整動作難度或遊戲規則的複雜度，設計對應發展的活動性課程。在活動規則的複雜度上，也需要根據幼兒的理解力、記憶力與專注力，做適當調整。

若幼兒是因為活動太簡單或對活動內容感到無聊，教保服務人員可如前述，增加活動本身的挑戰層次與計分制度，或加入小組榮譽等氣氛，讓幼兒進行需要互相合作或彼此保持協調與提醒等歷程，增加對活動的投入程度。若幼兒因為活動的複雜程度太高而無法跟上活動要求的細節時，則簡化活動設計或以異質分組的方式，讓幼兒在簡化的活動設計或同儕的協助下，也有機會達成活動任務。

4. 透過活動設計讓能力好的幼兒先做示範

若老師進行的身體活動課程或遊戲規則是新教的，有的幼兒各方面的能力發展較好，較快領會各種動作操作與身體掌控，順利朝向學習目標達成；但部分幼兒需要較多的時間才能跟上活動或遊戲的動線，且身體動作的操控與掌握需要更多示範，以便他們可以跟著做並多練習。此時，教保服務人員可採輪流或點名的方式，讓前述能力好的幼兒先進行，引導動作能力發展較落後的幼兒從旁觀察，讓他們在無形中獲得示範與仿作的機會。

在活動設計上，加入故事情節，則可藉由故事順序的進行，或不同的角色扮演，來給予幼兒不同時序先後的動作任務，提供幼兒彼此示範與模仿的機會。

147

（三）體能活動中人力支持的調整

　　若幼兒在體能活動中，需要另一位成人或同儕的協助，教保服務人員可在活動中給予直接或間接的人力支持。為了妥善發揮融合教室中有限的人力資源，教保服務人員中，需有一位主教的教師為整個身體動作活動與各種遊戲設計的統整者，能掌握人力支援的支配與應用。最佳的時機是定期與不定期的教學設計討論與教學檢討會議，並透過腦力激盪的方法進行教學課程的分享、檢討、改進。

　　活動性課程中，教保服務人員以腦力激盪進行活動檢討與調整時，教保服務人員掌握以下原則，隨時因應幼兒需求進行差異化課程活動的調整，可在教學設計討論會議中，與搭班老師、實習老師、教師助理人員等，進行身體活動課程的腦力激盪，依據幼兒的表現，討論身體動作活動的設計內涵、調整支持的方式，以及人員之間的服務與評量任務等。腦力激盪時可掌握以下原則：

　　1. 班級整體幼兒最近在體能活動中的適應與表現，是否朝著學習指標訂定的發展方向前進？教保服務人員彼此分享觀察到的幼兒表現，是否發現什麼困難？

　　2. 少數幼兒在目前正進行的活動課程中，在體能、動作技巧、動作操控、專注力、活動規則的理解、態度表現等，是否需要特別的支持或調整課程活動？

　　3. 若決定提供相關調整支持，在動態的體能活動中，可以提供哪些支持策略？在活動進行中的支持時機點與支持方式？是否需要在環境設備、活動器材上進行調整？是否有幼兒搭配輔具設備後可增加參與及表現的程度等。

三、重視個別化的需求提供特殊教育教學策略

身體動作發展與活動課程的個別化焦點能力的指導，以及其嵌入融合班級中的類化與學習，依循專業團隊合作與個別化教育計畫的目標，說明如下：

（一）依循專業團隊合作

融合班級中活動課程的設計時，教保服務人員可與身體動作發展相關的專業人員充分討論，內容包括：幼兒身體動作發展情形與限制、融合幼兒園活動課程內容、一般幼兒進行體能活動的要求與目標、特殊需求幼兒的參與及支持等。

1. 治療師的支持

(1) 依據標準化評估工具內容分數，說明幼兒身體動作發展情形。

(2) 身體動作發展遲緩或異常幼兒，如：肢體障礙、腦性麻痺、動作發展障礙、整體發展遲緩或多重障礙幼兒，在融合教育環境中的肢體動作表現、動作潛能、限制、支持輔助需求，以及輔具應用等。

2. 巡迴輔導之特殊教育教師

巡迴輔導之特殊教育教師，在融合班級中引導特殊需求幼兒觀察一般幼兒的言語及動作，可提供模仿學習的機會。若幼兒需要相關特殊教育課程，例如：社會故事圖卡、溝通圖卡等，則規劃明確的社會溝通課程，先抽離指導再將之嵌入融合班的不同情境中，創造練習與應用的機會。

3. 教保服務人員

(1) 教保服務人員介紹融合教育中的體能活動、一日作息內容，以及平日觀察記錄說明。

(2) 教保服務人員說明融合教育課程，與一日作息中給予特殊需

求幼兒的支持與調整內涵，以及支持與調整後特殊需求幼兒的表現。

(3) 教保服務人員邀請家長，說明幼兒在家中的教養照顧情形與表現。

4. 綜合討論特殊需求幼兒的需求

相關專業團隊根據前述討論，討論特殊需求幼兒的體能活動相關議題，包括：

(1) 體能活動課程中，配合課程目標的各種特定動作與操控是否能配合完成？諸如：穩定性動作、移動性動作、操作性動作、穩定平衡、靜態平衡、動態平衡，以及協調控制等。

(2) 無法完成體能活動可能的原因、可以協助的方式、融合情境下身體動作的目標可以如何協助？

(3) 明確指出需要針對哪些動作技巧進行個別訓練？例如：融合課程中「配合音樂節拍走、跑、跳」的活動內容中，特殊需求幼兒需要哪些穩定性、移動性，以及動態平衡的個別指導？

(4) 個別訓練的動作技巧要如何嵌入於融合教育課程與一日作息中？例如：特殊需求幼兒經個別指導之穩定性、移動性與動態平衡的動作，嵌入於融合活動課程中之後，需要哪些支持與調整？

（二）個別化教育計畫目標與形成性評量

在融合教育中的特殊需求幼兒，多數時間在融合班情境中，如何讓其充分參與融合班的體能課程，並使其身體動作發展達到最佳化，是教保服務人員與專業團隊成員共同努力的目標。在體能課程的設計上，教保服務人員除了依照班級整體幼兒的發展情形與需求，設計體能課程，並參考幼兒園教保活動課程大綱，以全班性的課程目標與分齡學習指標，規劃跨領域課程活動設計與差異化課程調整，也需要考量特殊需求幼兒的身體動作發展，設定適合的學習指標。

彙整專業團隊意見於特殊需求幼兒之個別化教育計畫中，其長短

期目標的訂定，可掌握以下三個原則：

1. 個別化教育計畫長短期目標的訂定，應配合融合班中不同情境下的活動與課程。

2. 長期目標以課程目標與分齡學習指標為主。

3. 短期目標經工作分析並嵌入於多情境達成。

（三）訂定長短期目標的實例

1. 以達成一個全班性的領域目標為例

以混齡之全班性的身體動作領域目標「身1-1 模仿身體操控活動」為例，教保服務人員若擬設計一個「配合律動音樂模仿各種動物的動作之活動」來引導全班幼兒進行，可參考以下例子。

2. 在此活動中設定分齡學習指標作為特殊需求幼兒之長期目標

• 3-4歲「身-小-1-1-2 模仿身體的靜態平衡動作」

　評量方式：觀察多數幼兒是否於靜態情境下，模仿各種動物的姿態？

• 4-5歲「身-中-1-1-2 模仿身體的動態平衡動作」

　評量方式：觀察多數幼兒是否在配合音樂律動中，模仿各種動物的姿態？

3. 特殊需求幼兒之短期目標

可採工作分析的方式，在體能韻律課程中，逐步達成目標：

• 3/31以前，在體能韻律課程中，模仿同儕做穩定性動作。

　評量：單／雙手舉高、單腳跨步等單一穩定性動作。

• 4/30以前，在體能韻律課程中，聽到音樂律動，模仿同儕做移動性動作。

　評量：單／雙手舉高並單腳跨步等移動性連貫動作。

• 5/30以前，在體能韻律課程中，配合音樂律動模仿各種動物的姿態並保持靜態平衡。

151

評量：在音樂重音提示下，模仿同儕進行各種連貫性的動物姿態，並保持靜態平衡。

（四）以多層次課程與教學設計方案表進行課程活動設計

表10-1提供一個多層次課程與教學設計方案表，以便讀者運用方案表所提供的訊息，進行多層次課程設計。因融合幼兒園現場的課程設計與評量多是由主教與搭班老師合作進行，有時也會有相關專業團隊成員或特教老師協同。建議使用本書的大專教師，可以與同儕討論的方式，鼓勵修習融合教育課程的學生，透過小組討論，分別從主教老師、搭班老師、特教老師或其他相關專業人員的角度，以合作學習的方式，依以下歷程指引，練習設計教學活動。

請與同儕討論，進行專業團隊平臺討論活動，依照以下思考引導，練習設計一個融合班的活動課程方案：

1. 描述整體班級幼兒組成，如年齡、性別、多元文化（是否有來自多元文化之家庭及幼兒）等。

2. 描述少數需要差異化支持的策略（如：延長時間或即時提示）。

3. 特殊需求幼兒各領域的現況描述與需求評估。

4. 選定課程目標。

5. 訂定分齡學習指標。

6. 訂定特殊需求幼兒之長期目標。

7. 根據所訂定之長期目標，訂定短期目標。

8. 設計課程活動與規劃活動順序和規則。

9. 對應左欄的活動內容，分析少數需要差異化支持的策略。

10. 根據左欄的活動，規劃特殊需求幼兒的短期目標。

表10-1
多層次課程與教學設計方案表範例

1. 整體幼兒班級及發展現況描述 全班24名幼兒 年齡組成：10名小班、8名中班、6名大班 性別組成：11女、13男 **2. 少數需要差異化支持的策略** 未被鑑定者： · 1名大班幼兒（A1）專心度較弱，團討時沒有注意聽討論，喜歡搶答卻答非所問。 　支持策略：老師提問時，讓A1先複述一次老師提問。 · 2名中班幼兒（A2），語言理解能力弱，故事理解能力弱，聽不懂繪本故事。 　支持策略：(1)簡化故事流程，並搭配圖畫提醒。說故事時，提醒幼兒現在講到哪裡。(2)多聽幾次，或在語文區先個別指導一次故事內容。 · 1名疑似發展遲緩幼兒（A3），在點心時間吃點心比較慢，有時聽老師的指令沒有反應。 　支持策略：給予較長的時間吃點心與收拾。老師給予口頭指令時，搭配圖卡提示現在該做什麼。 **3. 特殊需求幼兒現況描述** 1名中班「發展遲緩」幼兒（B1）。 · 身體動作與健康：與同儕無異，動作較慢。 · 認知：(1)可以配合班級活動進行各種探索活動、蒐集教材資源、玩弄鬆散素材、使用教室工具文具。(2)但在物品分類、數字概念發展較慢，故難以配合課程活動進行分類活動或遊戲，數數、數量等概念活動跟不上。 · 語文：(1)喜歡欣賞繪本圖畫、聽故事，也能配合歌謠進行音樂律動活動。(2)繪	**4. 課程目標** 「身1-1 模仿身體操控活動」 「認1-3 蒐集文化產物的訊息」 「認2-3 整理文化產物訊息間的關係」 **5. 分齡學習指標** 身小1-1-2 模仿身體的靜態平衡動作 身中1-1-2 模仿身體的動態平衡動作 認小1-3-1 觀察生活物件的特徵 認小1-3-2 以圖像或符號記錄生活物件的簡單訊息 認中1-3-2 以圖像符號記錄生活物件的多項訊息 認幼2-3-1 依據生活物件的特性與功能歸類 認小2-3-2 比較生活物件特徵間的異同 認中2-3-2 與他人討論生活物件特徵間的關係 認大2-3-3 與他人討論生活物件與生活的關係 **6. 特殊需求幼兒之長期目標** 身小1-1-2 模仿身體的靜態平衡動作 身中1-1-2 模仿身體的動態平衡動作 認幼2-3-1 依據生活物件的特性與功能歸類

本圖畫書閱讀活動時，詞彙量不夠，需要配合圖畫才能理解。(3)記憶力較弱，忘記故事角色名字、進行的活動、故事流程等。讀前面忘後面，無法抓住故事大意。 · 社會：(1)不理解當下的社會狀況，想要做什麼就直接去做。(2)學習區活動中，不理解遊戲規則，以自己的方式玩玩具或遊戲，較難與同儕進行比賽或競爭型的活動。在體能活動中會自行跑來跑去很開心，但無法依照團體遊戲規則進行活動；在團體討論活動中，聽不懂時會發呆或低頭玩自己的。 · 情緒：個性溫和、情緒穩定。 · 美感：與同儕無異。	認小2-3-2 比較生活物件特徵間的異同 認中2-3-2 與他人討論生活物件特徵間的關係 **7. 特殊需求幼兒之短期目標** 3/31前，在體能活動中，模仿同儕做穩定性的動作。 評量：單／雙手舉高、單腳跨步。 4/30前，在體能活動中，模仿同儕做移動性的動作。 評量：單／雙手舉高、單腳跨步，做移動性的動作。 5/31前，在團體活動中，配合音樂律動模仿動物姿態。 評量：在音樂重音提示下，模仿各種動物進行各種連貫性的動物姿態，並保持平衡。 4/30前，聽完故事後，將水果依動物喜好作歸類。 評量：將水果—動物分類。 5/31前，活動完成後，將教材教具歸類收入盒中或櫃子中。 評量：將教室器材歸類收好。

活動順序與規則	8. 活動內容	9. 差異化支持策略	10. 特殊需求幼兒短期目標
1. 活動前：說明體能活動規則	1-1 告知全班要導守的事項 1-2 告知關卡順序、動作方式 1-3 告知相關器材使用的方式	1-1 以「提問—複述」策略，確認A1、A2	1-1 指導活動時使用的視覺提示教材

2. 活動中：體能活動進行	2-1 幫災區不同的動物送物資（水果）。依照「走地線→上獨木橋→摘下果子（蒐集任務—不同種類的水果）→合作搬運→架橋過河→達成任務」之順序，六個關卡一一通過。	有聽到、理解規則。A1、A3以圖畫視覺提示。2-1 A3由一位老師提醒每一個活動程序。請扮演等待水果的幼兒，以圖卡配對的方式提示。A3、B1把摘到的水果送給需要的動物。	2-1 水果—動物配對認知教學，嵌入於活動中。2-2、3-1 成人或視覺圖卡提示。
3. 活動後：舒緩肌肉、收拾整理	3-1 全班一起跟著老師做舒緩操 3-2 分組收拾，將幼兒分組負責，協助老師把不同物品放回原來的地方。	3-1 A1、A3調整由一位老師在旁協助、提醒，不能跑開，依照主教老師動作做舒緩操的步驟。3-2 A1收拾時間，需老師提醒不要跑掉。A2、B1需老師告知或圖示提醒正確的物品分類區域。A2、B1允許較長的時間完成收拾。	

155

幼兒園融合教育多層次
課程建構之評量實務
CHAPTER 11

本章介紹在融合教育情境中，教保服務人員如何以非標準化評量的方式，從幼兒在例行生活與活動中對教學的反應（Response to Intervention, RTI）進行評量，並提出實務說明。本章為作者透過行動研究所蒐集的評量資料（宣崇慧，2023），內容包括：在融合班級中，教保服務人員如何在RTI的觀察歷程中，與行政人員、協同人員，以及專業團隊成員合作，共同發現幼兒在教學中學習的狀況，以因應特殊學習需求，給予差異化教學的支持。

第一節　教學介入反應（RTI）的意義與用途

一、「教學介入反應」的意義

介入反應（Response to Intervention）模式是指引導第一線教師透過幼兒對教學反應的情形，蒐集多元評量的資料，以之作為調整課程與教學的依據（Carta, McElhattan, & Guerrero, 2016）。在幼兒園教學現場，最常見的多元評量包括：教師的觀察記錄、學生的學習作品檔案、教師自我教學省思，以及教師與同儕教師共同教學討論的內容。教師即是根據上述資料，進行下一階段課程調整與教學的考量、設計、嘗試，進而根據新的介入與反應資料，蒐集到新的教學調整的依據。由此可見，此RTI的歷程是一個不斷循環與自我回饋的連續性歷程。本章以教師教學討論會為主要資料來源，說明形成RTI評量資料與下一步教學規劃的實例。

二、教學反應資料的應用

教保服務人員對照幼兒園教保活動課程大綱的學習指標，透過教師同儕討論的方式，從前一週活動中回顧幼兒在各項課程中的表現，是否有展現學習指標的能力。

☺第二節　多層次課程與教學評量的重點

　　多層次課程與教學評量的重點，包括：優質的融合教育課程與教學、個別化需求的滿足、專業團隊合作評量等三個重點。

一、優質的融合教育課程與教學

　　以「幼兒園教保活動課程大綱」為主軸，掌握以幼兒為中心的原則與跨領域的目標能力，從幼兒個別學習表現的歷程與檔案資料中，掌握每一位幼兒的優勢與弱勢能力，調整課程難度與支持策略以便進行教學活動指引。

二、個別化需求的滿足

　　掌握每一位幼兒的學習現況與下一個學習目標。

　　實例介紹：當老師發現多數幼兒已能念出英文26個字母的名稱，但有少數幼兒字母知識仍尚薄弱時的作法（宣崇慧，2023）。

　　（一）整體活動：在字母活動中進行更頻繁的字母拼讀、念讀、字母桌遊等活動。

　　（二）課程調整：針對字母知識較弱的幼兒，引導幼兒能從字母認讀活動中，以認出自己名字中有的字母作為學習目標。

三、專業團隊合作評量

　　融合班級中有2-3位教保服務人員，包括：學前教師、教保員、特殊教育助理人員等。若特殊教育需求幼兒的巡迴輔導教師或相關專業團隊治療師也有入班協同，則會形成多種專業角色在不同學習情境下的觀察與評量資料。

159

當教保服務人員發現班級中有特定幼兒的學習發生困難，可進行個案觀察討論，從不同成員的觀察角度，討論該幼兒在六大領域學習指標上的發展情形，進一步討論於融合教育不同情境下，可以給予的支持。

四、定期專業團隊討論

教保服務人員、行政人員與相關專業團隊，可定期約定評量與教學討論。

（一）評量討論

1. 評量討論的內容，乃以幼兒園教保活動課程大綱中的各領域學習指標，以及個別幼兒的個別化教育計畫長短期目標為依據，一一討論本週幼兒對應各指標的學習狀況。

2. 主教老師依序在評量目標上，請搭班老師及相關專業團隊成員，就本週的教學與觀察內容，口頭分享班級幼兒的整體表現。若在特定評量目標上，有針對個別幼兒表現，需進一步討論說明者，可提出幼兒反應的情形，並由不同專業成員從不同專業角度分享回饋，評定幼兒達成目標的狀況。

（二）教學討論

評量討論後，主教老師再將討論結果引導至教學活動中，審視重點包括：

1. 下週整體課程方向與教學活動和流程規劃。

2. 是否有需要就個別需求進行課程調整、提供支持策略或個別化教育服務。

　　3. 專業團隊成員就特殊需求幼兒的上課情形，提供特殊教育課程或輔具使用的建議，並商討下週進行的方式。

第三節　幼兒園融合教育現場RTI評量之應用

一、教學討論會的進行方式

　　班級中的教保服務人員定期開一次教學討論會，選出一位主導的教師，依照幼兒園教保活動課程大綱六大領域的學習指標，討論並回顧班級幼兒在本階段課程活動中的教學反應。討論重點：

（一）整體指標瀏覽檢閱：是否達到預定的學習指標？

1. 教學討論會的重點

　　教學討論會中，檢閱此階段教學的重要學習指標，討論每一位幼兒在這段時間是否有達到既定的學習指標。討論的依據來自於這段時間的觀察記錄。在會議中，決定哪些幼兒有符合各領域發展的預期？哪些幼兒的學習參與沒有進入情況？問題出在哪裡？

2. 具體找出下週要觀察的重點

　　具體訂定下週要觀察的能力行為目標，以及可使用的觀察工具或自製觀察表格。

（二）差異化支持策略：少數幼兒是否需要差異化支持策略？

　　1. 哪些幼兒在學習中發生困難？可以如何支持？

　　2. 若幼兒有情緒行為問題，討論問題行為在不同情境中的發生情形，可能的解釋與發生的原因，如何做可以改善此行為？

（三）腦力激盪：差異化支持策略如何進行？如何分工？

1. 可作哪些教學策略支持幼兒？

2. 由A老師事前準備教材教具並進行支持協助；B老師協助觀察記錄。

二、實例介紹

（一）實例一

教學討論會中，教保服務人員先將此階段六大領域能力的指標進行檢閱，並討論下週課程與教學方向（宣崇慧，2023）。

1. **主教老師**

(1) 對於語言與溝通領域部分，下週我們將進行小組說故事活動，請各位老師將觀察的重點放在「故事理解提問」。

(2) 故事理解提問內容，包括：主旨、故事序列性。

(3) 下週觀察重點：幼兒回答問題時，是否提到故事重點？

(4) 如果幼兒有提到重點，但順序混淆，我們可以使用「故事序列表」。

(5) 如果還不確定幼兒是否有弄清楚故事序列，可以「顛倒順序」，看看幼兒是否察覺？

2. **搭班老師**

L在語文活動中，會混淆某些字的讀音，可以怎麼幫助他？

3. **主教老師**

(1) 下週繼續從故事中，增加混淆字音的讀法和聲韻。

(2) 安排不同情境，讓L練習到混淆的字音。

(3) 繼續觀察L是否可以正確讀混淆的字音？尚不能分清楚哪些字音？

（二）實例二

以故事理解為例的討論內容：幼兒是否能在大團體中理解故事內容？瞭解故事情境？

1. 主教老師

(1) 在教學過程中，試探幼兒是否能夠跟著故事內容做正確的互動反應？是否有表現對的故事理解之回答或動作反應？

(2) 這一次的教學與觀察重點是「溝通」。

(3) 在這個觀察重點下，下週可做的引導重點如下：

① 清楚指示注意聽：以踏步、坐下等手勢或動作，讓幼兒靜下來、坐下、注意聽！

② 進行故事提問：先給幼兒故事的相關訊息後，進行提問，觀察幼兒對於提問的反應，記錄下來。

（三）實例三

教學討論會中，針對需要個別協助的幼兒，做更深入的討論，藉由討論聚焦於幼兒不同層面的問題。

1. 主教老師

(1) T在故事討論情境中，雖然有說出故事的內容，但是他是天馬行空的說，沒有針對我們講的故事內容進行討論。

(2) T只有提到跟故事有關的概括性內容，常常沒有說到我們討論的主題，他沒有進入故事理解與進行有意義的討論。

(3) 很顯然，T沒有理解故事內容！他只用非情境語言（not-in-context language），僅以概括性的周邊語言在描述。

2. 搭班老師

(1) T有時也會有沮喪或傷心的情緒表現。

(2) 當我問T是否需要幫助？他沒有做正確的表達，卻畫了一個人。

163

3. 整體分析

經過教學討論會的討論，班級教師從不同角度發現T有語言理解困難，因而影響其充分參與融合班的課程活動。而T也有可能因為這個緣故，表現出逃避或負面情緒。教保服務人員即時從幼兒對教學的反應中發現這些問題，進而討論下一次介入活動時，將如何提供T語言理解的差異化支持策略。

三、總結

整體而言，RTI的技術可讓融合班教保服務人員從教學中，記錄幼兒的學習歷程，找出可行的支持策略，以及歸納幼兒個別問題與需求。教保服務人員須具有以下專業知能，以便在融合班情境中進行RTI：

（一）瞭解與應用幼兒園教保活動課程大綱。

（二）根據課程大綱指標與幼兒學習表現設計教學活動。

（三）在融合教育情境中應用幼兒行為觀察的技術。

（四）訂定具體的觀察目標或設計各種活動或評量單。

參 考 書 目

一、中文部分

幼兒教育及照顧法，總統華總一義字第11100053321號令修正（2022年6月29日）。https://law.moj.gov.tw/LawClass/LawHistory.aspx?pcode=H0070031

林寶貴、黃玉枝、黃桂君、宣崇慧（2008）。**修訂學前語言障礙評量表**。教育部特殊教育工作小組。

宣崇慧（2014）。二年級「持續型」與「晚發型」識字困難學童早期區辨效能之檢測。**特殊教育研究學刊**，*39(2)*，61-86。

宣崇慧（2014）。學前幼兒溝通與社會行為評定量表之編製。**溝通障礙教育**，*1(2)*，11-18。

宣崇慧（2022）。融合教育環境下的感覺統合介入方案。載於任彥懷、李介至、李靜曄、阮震亞、蔡淑桂、陳鳳卿、宣崇慧合著，**感覺統合遊戲與兒童學習**（三版，7-2-7-34）。華格納。ISBN：978-986-362-848-4

宣崇慧（2023）。「介入反應模式」在學前融合教育現場之實踐。**溝通障礙教育**，*10*，51-69。

宣崇慧、林嘉琪（2010）。電腦多媒體教學增進學前注意力缺陷過動症兒童故事閱讀能力之研究。**上海特教季刊**，*28(4)*，39-43。

宣崇慧、曹純瓊（2021）。**特殊幼兒教育導論**（第二版）。五南圖書公司。

宣崇慧、盧台華（2006）。聲韻覺識能力及口語詞彙知識與國小一至二年級學童字、詞閱讀發展之探究。**特殊教育研究學刊**，*31*，73-92。

宣崇慧、蔡建鈞（2016）。學前識字困難高危險群幼兒之鑑別：學前教師評定搭配認知測驗兩階段篩選機制區辨效能之檢驗。**特殊教育研究學刊**，*41(2)*，27-56。

宣崇慧、蔡建鈞（2017）。詞彙訊息對低年級兒童認字發展之影響。**幼兒教育年刊**，*28*，1-20。

宣崇慧、蘇政輝、陳必卿、余孟儒、王涵、張文眞、邱郁芬（2012）。學前聲韻處理、快速唸名與視覺記憶能力預測小一學童識字困難效能之檢測。**特殊教育研究學刊**，*37*(1)，53-78。

特殊教育法。總統華總一義字第11200052781號令修正（2023年6月21日）。https://law.moj.gov.tw/LawClass/LawHistory.aspx?pcode=H0080027

特殊教育法施行細則。教育部臺教學（四）字第1122806628A號令修正（2023年12月20日）。https://law.moj.gov.tw/LawClass/LawHistory.aspx?pcode=H0080032

教保服務人員條例。總統華總一義字第11100053331號令修正（2022年6月29日）。https://law.moj.gov.tw/LawClass/LawAll.aspx?pcode=H0070071

教育部（2014）。十二年國民基本教育課程綱要。教育部。

教育部（2016）。幼兒園教保活動課程大綱。教育部。

教育部（2019）。**身心障礙相關之特殊需求領域課程綱要**。教育部。

教育部（2019）。教育部108-112學年度學前特殊教育推動計畫──第四期五年計畫。

教育部特殊教育通報網a（2024年5月）。111學年度一般學校身心障礙類安置班別學生統計。https://www.set.edu.tw/Stastic_Spc/sta2/doc/stuA_city_All_cls_A/stuA_city_All_cls_A_20230528.asp

教育部特殊教育通報網b（2024年5月）。各縣市身心障礙學生特教類別統計。https://www.set.edu.tw/Stastic_Spc/sta2/doc/stuA_city_All_spckind_A/stuA_city_All_spckind_A_20230528.asp

陳心怡、陳榮華（2013）。**魏氏幼兒智力量表第四版（WWPSI-IV）中文版**。中國行為科學社。

楊敏君（2018）。**運用對話式鷹架策略提升幼兒情境理解能力之成效**〔未出版之碩士論文〕。國立嘉義大學。

蔡明富、吳裕益（2014）。「學前兒童社會行為評量系統」編製之研究。**特殊教育研究學刊**，*39*(2)，1-31。

蔡昆瀛（2019）。「嬰幼兒社會適應發展量表」。教育部。

盧美貴（2021）。幼兒園課程類型設計的理論與案例。載於盧美貴總主

編，幼兒園課程設計（初版，138-220）。五南圖書公司。

Horn, E. M., Palmer, S. B., Butera, G. D., Lieber, J. A.（2020）。**學前融合教育課程架構——以全方位學習（UDL）爲基礎支持幼兒成功學習**（盧明、劉學融譯）。心理出版社。（原著出版於2016）

Sandall, S. R., & Schwartz, I. S.（2002）。**學前融合教育課程建構模式**（盧明、魏淑華、翁巧玲譯）。心理出版社。（原著出版於2008）

錡寶香（2006）。**兒童語言障礙——理論、評量與教學**。心理出版社。

二、英文部分

American Institute for Research ([AIR], 2024, July 6). *Essential components of MTSS*. Center on Multi-Tiered System of Supports. https://mtss4success.org/essential-components

American Psychiatric Association (2022). *Diagnostic and statistical manual of mental disorders, 5th edition, text revision (DSM-5-TR)*. American Psychiatric Association.

Boyd, B. A., Kucharczyk, S., & Wong, C. (2016). Implementing evidence-based practices in early childhood classroom settings. In B. Reichow, B. A. Boyd, E. E. Barton, & S. L. Odom (Eds.), *Handbook of early childhood special education* (pp. 335-348). Springer International Publication Switzerland. https://doi.org/10.1007/978-3-319-28492-7

Carta, J. J., McElhattan, T. E., & Guerrero, G. (2016). The application of response to intervention to young children with identified disabilities. In B. Reichow, B. A. Boyd, E. E. Barton, & S. L. Odom (Eds.), *Handbook of early childhood special education* (pp. 335-348). Springer International Publication Switzerland. https://doi.org/10.1007/978-3-319-28492-7

Center for Applied Special Technology (2023a, November 6). *Until learning has no limits*. https://www.cast.org/

Center for Applied Special Technology (2023b, November 6). *The UDL guidelines*. https://udlguidelines.cast.org/?utm_source=castsite&utm_medium=web&utm_campaign=none&utm_content=footer&_gl=1*ysvx39*_ga*MTkzNTcxODMzLjE2OTkyNDQ4MTM.*_ga_C7LXP5M74W*MTY5OTI1MjQ5NC4yLjEuMT

Y5OTI1MzA1MC4wLjAuMA

Center on Behavioral Interventions & Supports (2024, August 3). *What is PBIS?* https://www.pbis.org

Drew, C. (July 20, 2024). *15 Prosocial Behavior Examples*. Helpful Professor. https://helpfulprofessor.com/prosocial-behavior-examples/

Favazza, P. C., & Siperstein, G. N. (2016). Motor skill acquisition for young children with disabilities. In B. Reichow, B. A. Boys, E. E. Barton, & S. L. Odom (Eds.), *Handbook of early childhood special education* (pp. 225-246). Springer. https://doi.org/10.1007/978-3-319-28492-7

Gindis, B. (2003). Remediation theory education: Sociocultural theory and children with special needs. In A. Kozulin, G. Boris, V. S. Ageyev, & S. M. Miller (Eds.), *Vygotsky's educational theory in cultural context* (pp. 200-224). Cambridge University Press. https://doi.org/10.1017/CCOL0521831040.014

Kagan, J., & Herschkowitz, N. (2005). *A young mind in a growing brain*. Psychology press. https://doi.org/10.4324/9781410613592

McLean, M., Sandall, S. R., & Smith, B. (2016). A history of early childhood special education. In B. Reichow, B. A. Boyd, E. E. Barton, & S. L. Odom (Eds.), *Handbook of early childhood special education* (pp. 3-20). Springer International Publication Switzerland. https://doi.org/10.1007/978-3-319-28492-7

Montroy, J. J., Bowles, R. P., Skibbe, L. E., McClelland, M. M., & Morrison, F. J. (2016). The development of self-regulation across early childhood. *Developmental Psychology, 52*(11), 1744-1762.

Odom, S. L. (2016). The role of theory in early childhood special education and early intervention. In B. Reichow, B. A. Boys, E. E. Barton, & S. L. Odom (Eds.), *Handbook of early childhood special education* (pp. 21-36). Springer. https://doi.org/10.1007/978-3-319-28492-7

Recchia, S. L., & Lee, Y.-J. (2013). *Inclusion in the early childhood classroom*. Teachers College Press.

Sandall, S. R., & Schwartz, I. S. (2008). *Building blocks for teaching preschoolers with special needs* (2nd edition). Paul H. Brookes Publishing Co.

United Nations ([UN], 2024, July 11). *Universal declaration of human rights*. Peace, dignity and equality on a healthy planet. https://www.un.org/en/about-us/univer-sal-declaration-of-human-rights

Winton, P. J. (2016). Taking stock and moving forward: Implementing quality early childhood inclusive practices. In B. Reichow, B. A. Boys, E. E. Barton, & S. L. Odom (Eds.), *Handbook of early childhood special education* (pp. 57-74). Springer.

國家圖書館出版品預行編目資料

幼兒園融合教育的理論與實務／宣崇慧著.
－－初版.－－臺北市：五南圖書出版股份
有限公司, 2025.02
面； 公分. --（教保系列）
ISBN 978-626-423-028-5（平裝）

1.CST: 融合教育 2.CST: 學前教育

529.5 113019122

教保系列

1I8H

幼兒園融合教育的理論與實務

系列總主編 ― 盧美貴

作　　者 ― 宣崇慧

編輯主編 ― 黃文瓊

責任編輯 ― 陳俐君、李敏華

文字校對 ― 陳俐君

封面設計 ― 封怡彤

出 版 者 ― 五南圖書出版股份有限公司

發 行 人 ― 楊榮川

總 經 理 ― 楊士清

總 編 輯 ― 楊秀麗

地　　址：106臺北市大安區和平東路二段339號4樓

電　　話：(02)2705-5066

網　　址：https://www.wunan.com.tw

電子郵件：wunan@wunan.com.tw

劃撥帳號：01068953

戶　　名：五南圖書出版股份有限公司

法律顧問　林勝安律師

出版日期　2025年2月初版一刷

定　　價　新臺幣320元

經典永恆・名著常在

五十週年的獻禮 —— 經典名著文庫

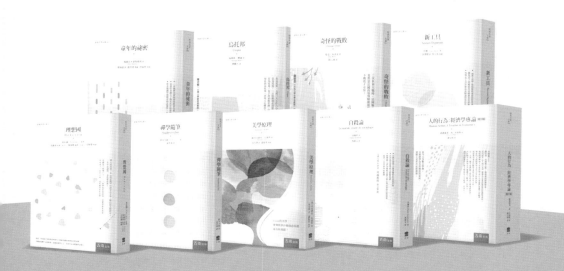

五南，五十年了，半個世紀，人生旅程的一大半，走過來了。
思索著，邁向百年的未來歷程，能為知識界、文化學術界作些什麼？
在速食文化的生態下，有什麼值得讓人雋永品味的？

歷代經典・當今名著，經過時間的洗禮，千錘百鍊，流傳至今，光芒耀人；
不僅使我們能領悟前人的智慧，同時也增深加廣我們思考的深度與視野。
我們決心投入巨資，有計畫的系統梳選，成立「經典名著文庫」，
希望收入古今中外思想性的、充滿睿智與獨見的經典、名著。
這是一項理想性的、永續性的巨大出版工程。
不在意讀者的眾寡，只考慮它的學術價值，力求完整展現先哲思想的軌跡；
為知識界開啟一片智慧之窗，營造一座百花綻放的世界文明公園，
任君遨遊、取菁吸蜜、嘉惠學子！